북즐 활용 시리즈 10

출판고수정리노트

이시우 지음

북즐 활용 시리즈 10

출판기획부터 편집, 제작, 마케팅, 디자인, 경영까지
출판 고수 정리노트

펴 낸 날   초판 1쇄 2017년 1월 17일

지 은 이   이시우
펴 낸 곳   투데이북스
펴 낸 이   이시우
교정·교열   이은희
편집 디자인 박정호
출판등록   2011년 3월 17일 제305-2011-000028 호
주   소   서울시 동대문구 천호대로 4 동대문우체국 사서함 48호
대표전화   070-7136-5700 팩스 02) 6937-1860
홈 페 이 지 http://www.todaybooks.co.kr
전자우편   ec114@hanmail.net

ISBN 978-89-98192-43-3 13010

ⓒ 이시우

- 책값은 표지 뒷면에 있습니다.
- 이 책은 투데이북스가 저작권자와의 계약에 따라 발행한 것으로 허락 없이 복제할 수 없습니다.
- 파본이나 잘못 인쇄된 책은 구입하신 서점에서 교환해 드립니다.

이 도서의 국립중앙도서관 출판예정도서목록(CIP)은 서지정보유통지원시스템 홈페이지(http://seoji.nl.go.kr)와 국가자료공동목록시스템(http://www.nl.go.kr/kolisnet)에서 이용하실 수 있습니다.(CIP제어번호: CIP2016031130)

출판기획부터 편집, 제작, 마케팅, 디자인, 경영까지

10
북즐
활용 시리즈

출판 고수 정리노트

이시우 지음

투데이북스
TodayBooks

머리말

해가 바뀔 때마다 어려워지는 출판시장
그 속에서 어떻게 하면 책을 잘 만들 것인가를 고민하는 출판인들에게 도움이 될 수 있는 책을 만들겠다는 신념으로 만들었다.

이 책이 출판사 편집자, 기획자, 마케터, 디자이너 그리고 출판사를 경영하는 출판인들에게 어떻게 하면 책을 잘 만들 수 있을까에 대한 고민을 해결할 수 있는 책이었으면 좋겠다. 그리고 허상의 꿈보다는 실제 처절하게 생존의 발걸음을 걷고 있는 출판인들에게 제시하는 해답이기도 하다.

책을 많이 판매하는 것도 중요하다. 하지만 어떻게 절약을 하면서 만들 것이며 사고 없이 만들 것인지에 대한 생각도 해보면 좋겠다.
지금은 없어진 과거에 유명했던 출판사들을 보면서 지속가능한 출판사 경영을 위한 전략이 무엇인지에 대해서도 생각해 보자.

【출판 고수 정리노트】는 출판 고수를 위한 정리노트라는 뜻이다. 이 책을 쓴 필자가 스스로 출판 고수라고 얘기하는 것은 아님을 밝혀둔다.
이 책은 [출판기획과 편집], [출판제작], [출판마케팅], [출판디자인], [출판경영]의 5개 파트에 대한 필자의 경험과 노하우를 이해하기 쉽게 정리했다.

  책을 쓰다 보니 필자의 저서인 【내 출판사 창업 성공하기】와 【출판제작 실무노트】에 나온 내용들도 언급되었다. 기존 내용을 보강해서 정리했다.

  이 책이 나오기까지 기획 아이디어를 제공해 준 지인들과 삽화를 협찬해 준 정수일 작가님, 인디자인 관련 글을 제공해 준 채움북스 윤고선 대표님, 책의 모든 디자인을 해 준 박정호 대표님 그리고 작업에 직접 참여한 분들과 분야별 자문을 해 준 모든 분들에게 감사한 마음을 전한다.

2017년 1월
저자 이시우

Contents

제1장 출판기획과 편집 경험노트

01 실패한 기획에서 아픈 가르침을 얻는다 — 11
02 남이 하면 되고 내가 하면 안되는 책 — 14
03 시련이 있어도 희망은 있다 — 16
04 멈출 수 있을 때 멈춰야 한다 — 20
05 안되는 책은 누가 해도 안된다 — 23
06 작가와 좋은 관계를 유지하려면 출판사의 노력이 필요하다 — 26
07 그 책이 필요한 사람에게서 답이 나온다 — 30
08 〈하나 더하기 하나〉 기획이야기 — 33
09 출판편집의 정도(征途) — 36
10 본문 편집 단가 책정하는 방법 — 40

제2장 출판제작 실무노트

01 종이를 저렴하게 구입하는 노하우 — 49
02 입고할 종이 계산하는 방법 — 53
03 판형에 맞는 CTP 출력판 이야기 — 65
04 필름 출력 비용 — 68
05 인쇄비는 어떻게 산출되는가? — 70
06 판비와 인쇄비 절감 노하우 — 74
07 제작비 절감 노하우 — 78
08 무선책의 권당 단가 산출 방법 — 82
09 양장책의 권당 단가 산출 방법 — 85
10 중철책의 권당 단가 산출 방법 — 89
11 표지 라미네이팅의 방법과 단가 확인하는 방법 — 93

제3장 출판마케팅 활용노트

01 돈이 드는 광고를 할 것인가, 돈이 안 드는 광고를 할 것인가? — 105
02 무료 홍보 채널의 적극 활용법 — 108
03 출판마케팅의 미래 — 116

04 포워딩 서비스를 이용한 무료 홍보 홈페이지 만들기 — 122
05 상표 등록으로 지속가능한 마케팅을 펼치자 — 126
06 시장조사가 어려울수록 성공할 확률이 높다 — 136
07 독자들이 원하는 책이 성공적인 마케팅으로 이어진다 — 139

제4장 출판디자인 제작노트

01 표지 디자인 비용을 절약하는 방법 — 147
02 외주업체 또는 외부 프리랜서와 상생하는 길 — 152
03 PDF 파일과 CTP 출력 이야기 — 156
04 표지 시안을 최종적으로 확정하는 길 — 159
05 표지를 정말 잘 만들고 싶다면 — 164
06 디자이너가 꼭 알아야 할 도서 판형별 표지 절수 — 168

제5장 출판경영 성공노트

01 작가와 계약 시 계약금은 어떻게 할까? — 179
02 작가에게 인세 지급 시 주의사항들 — 182
03 작가와 출판권 설정은 어떻게 하는 것이 좋은가? — 185
04 작가와 이별은 어떻게 하는 것이 좋은가? — 188
05 신간 제작 비용 만들기 — 190
06 매월 입금되는 돈 관리하기 — 192
07 매월 지출되는 돈 관리 및 제작비 지불방법 — 196
08 전자계산서 발행의 모든 것 — 198
09 출판사 세무 신고의 모든 것 — 204

부록 출판 제작원가표 샘플

01 신국판 제작원가표 샘플 — 219
02 크라운판 제작원가표 샘플 — 220
03 46배판 제작원가표 샘플 — 221

제1장

출판기획과 편집 경험노트

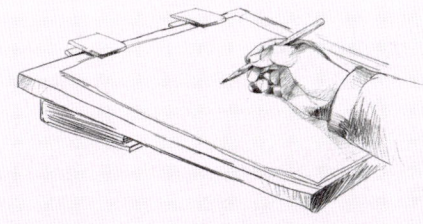

출판기획을 책으로 배웠다.
출판사를 경영하면서 여러 권의 책을 실패하면서 알게 되었다.
출판기획은 여러 번의 시행착오와 실패로 그 첫 수를 배울 수 있다는 사실을 말이다.
책을 계속 만들다 보니 기획한 책이 모두 실패하는 것은 아닌가 보다. 가끔은 반응이 오는 책을 기획하기도 했다. 그때는 잠시나마 웃는다. 그 웃음이 짧은 것이 아쉽다.
지금 출판기획을 하고 있는 분들에게 말해주고 싶다.
기획자는 최선의 노력(努力)을 다한 후(後)에 천명(天命)을 기다리면 된다. 진인사대천명(盡人事待天命)이다.

북즐(BookZle) 활용 시리즈 10
출판 고수 정리노트

1

실패한 기획에서
아픈 가르침을 얻는다

 창업 초기 기획한 출판기획물 중 하나인 [오늘을 살아가게 하는 힘]이라는 시리즈가 있었다. 이 시리즈의 첫 번째 책이 〈위대한 일화의 재발견〉이다.

 이 시리즈의 기획 의도는 위인들의 일화나 실화, 명언 등을 재구성해서 재미와 교훈을 주는 것이었다. 그래서 [오늘을 살아가게 하는 힘] 시리즈 5종의 제목을 먼저 정했다. 〈위대한 일화의 재발견〉, 〈위대한 실화의 재발견〉, 〈위대한 여성의 재발견〉, 〈위대한 역사의 재발견〉, 〈위대한 명언의 재발견〉이 그것이다.
 첫 책인 〈위대한 일화의 재발견〉의 작가와 삽화를 그릴 분을 섭외했다. 계약을 하고 작업을 진행시켰다. 작업은 별다른 어려움 없이 순조롭게 진행되었다.
 탈고를 하고 본문 디자인을 진행하는 동안 책의 디자인 방향을 잡으면서 난항(難航)에 빠지게 되었다.

 이 책의 독자층을 청소년층으로 할지 성인층으로 할지 먼저 정하지 못하고 디자인을 진행한 것이다. 책을 디자인하기 전에 청소년 분야인지 성인 분야인지를 정하고 그에 맞는 디자이너를 섭외했어야 했다.

본문과 표지 디자인이 확정되었을 당시 필자의 눈에는 디자인이 그렇게 나쁘지 않았다. 하지만 주변 사람들의 눈에는 좋게 보이지 않은 것 같았다. 표지를 출력하는 어느 날 출력소에 근무하던 후배가 이런 말을 했다.

"이 표지 다시 하면 안 되나요?"
"지금이라도 기계를 멈추면 됩니다."

후배는 아마 힘들게 말했을 것이다. 출력한 후 내일 인쇄를 해야 하는데 출력에서 멈춘다면 그 후의 일정을 다시 잡아야하는 것을 잘 아는 후배가 말이다.

그때 그 후배의 말을 들었어야 했다. 창업 후 첫 책이 나오기까지 7개월간 아무런 매출이 없었던 필자의 조급함이 판단을 흐리게 한 것 같다. 그리고 표지를 도와 준 지인에게 표지를 다시 하자고 말할 자신이 없었다.

지금 생각해 보면 늦어도 3주 정도면 되는 일이었다. 당시에는 몰랐지만 한참을 지나고 나서 이 책이 왜 시장에서 아무런 반응이 없었는지를 분석해 보면 총체적인 난관이 많은 책이었음이 틀림없다.

첫 단추인 기획을 잘못하였고 그로 인해 타깃 독자층의 선정을 제대로 하지 못하고 책을 진행시킨 것이다. 쉽게 구할 수 있는 내용의 자료를 재편집해서 내는 일은 쉬운 일이다. 그런 쉬운 기획은 실패한다. 독자들이 진정으로 필요로 하는 책의 기획만이 독자들의 사랑을 받을 수 있다는 것을 돈을 잃고 나서야 깨달았다.

[실패 원인 분석]
1. 타깃 독자층이 명확하지 않은 기획물
2. 출판 분야 선정의 오류
3. 출판 분야 선정 오류로 인한 디자인 실패

◀ 〈위대한 일화의 재발견〉 표지화면

2

남이 하면 되고
내가 하면 안되는 책

　A출판사에 한자(漢字)책 저자로 유명한 B선생님이 계셨다. 집필한 서적만 25종 이상으로 필자가 생각하기에 대한민국에서 가장 많은 한자책을 집필하고 판매한 분이 아닐까 생각된다. 정확한 데이터는 없지만 필자의 추측이 어느 정도 맞을 것이다.
　B선생님과의 오랜 인연으로 필자가 창업한 출판사에서 선생님의 원고를 받는 영광을 얻을 수 있었다. 당시 필자의 지인이었던 P군의 말에 따르면 B선생님에게 원고를 받기 위해서 유명한 몇몇 출판사에서 백지계약서를 드리고 원고가 나오면 원하는 조건으로 계약서를 작성해서 보내주기만 하면 된다고 했단다.
　필자는 A출판사에 10년간 근무를 했었고 B선생님에게 7년간 인세 지급을 결재하는 자리에 있었기에 B선생님이 받는 인세 금액을 알고 있었다.
　필자는 B선생님의 책이 최소 5,000부에서 많게는 10,000부 정도는 판매가 될 것으로 예상했다. B선생님의 까다로운 몇 가지 조건을 모두 수용하고서야 계약서를 작성할 수 있었다.
　B선생님은 계약한 날짜에 탈고를 하셨고 원고의 편집, 디자인,

제작 등등 모든 공정들이 순조롭게 진행되었다. 특이할 점은 본문의 페이지가 너무 많아서 본문의 종이를 100g에서 80g으로 변경했었다.

결론적으로 책의 판매는 잘 되지 않았다. 4년 동안 1,000부도 판매하지 못했다.

그때 필자는 배웠다.

아무리 유명한 작가분이라고 해도 출판사의 브랜드파워와 마케팅 능력이 따라 주지 않으면 힘들다는 사실을 말이다. 필자의 출판사는 A출판사처럼 출판사 브랜드파워도 없고 마케팅을 펼칠 자금도 부족한 것이 사실이다.

이 일이 있고 나서 필자는 새로운 작가를 섭외할 때 작가의 지명도를 많이 보지 않게 되었다. 독자들이 필요한 책이 무엇일까에 더 고민을 하게 되었다. 독자들이 원하는 내용의 책을 쓸 수 있는 작가를 발굴해서 책을 만드는 일이 필자에게는 더 나은 승부수가 된다는 것을 출판사를 경영하면서 알게 되었다.

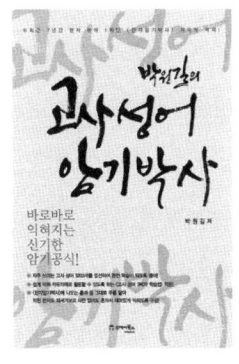

◀ 〈고사성어 암기박사〉 표지화면

3

시련이 있어도
희망은 있다

출판사 창업 초기 사기를 당해 돈도 잃었고 기획한 책에 대한 작가 섭외도 힘들었다. 특히 지인에게 당한 사기는 지금까지도 교훈을 준다.

사업 초기에 홍대 근처에 예전부터 알았던 K사장의 사무실에 책상 하나를 놓고 시작한 때의 일이다. 가끔 찾아오는 지인과 이야기를 하다가 여행회화 시리즈를 3종 진행하기로 했다. 친한 사이라 계약서 없이 계약금 200만 원을 주었다. 작업은 순조롭게 진행되었다. 3종에 대한 MP3 음원 녹음도 A급 성우를 투입하였고 끝난 시점에 전체 작업 비용을 다시 들여다보게 되었다.

아무리 좋은 디자인 회사에서 디자인 작업을 한다해도 표지, 본문 디자인 비용이 너무 비싸다는 생각에 지인에게 그 회사 대표를 만나게 해달라고 했다. 필자가 만나서 금액 조정을 할 생각이었다.

지인은 차일피일 미루었다. 그러던 어느 날 충격적인 말을 했다. 자신이 직접 표지와 본문 디자인을 했다는 것이다. 처음부터 디자인 회사는 없었던 것이다. 그리고 또 하나의 사실을 알았다. 필자는 일본어는 지인이 직접 집필을 하고 영어, 중국어는 지인이 아는 다른 작가분이 집필을 하는 줄 알았다. 그런데 그것이 아니었다. 지인이 집필한 일본어 원고를 영어, 중국어로 번역했던 것이다. 작가 인세가 아닌 적은 번역 비용으로 말이다. 필자에게는 저자 인세를 주어야 된다고 했었다.

  계속 진행을 하기에는 앞으로 드는 비용이 너무 많았다. 그래서 결심을 해야 했다. 계속 진행할 것인지 그만둘 것인지를 말이다. 고심 끝에 그만 두기로 마음을 먹었다. 그래서 책도 한 번 출간해 보지 못하고 계약금과 녹음 비용 그리고 기타 진행 비용 등을 날렸다. 지금 생각해 보면 500만 원으로 출판사 입문의 수업료를 지불한 것이다.

  그 지인은 지금 무엇을 하는지 모른다. 하지만 그 사람을 원망하지는 않는다. 사람을 믿었고 그 분야의 일을 몰랐던 내게 더 큰 잘못이 있다고 생각한다.

  그때부터 필자는 편집 비용과 디자인 비용, 기타 작업 비용에 대한 연구를 했다. 그리고 적당한 가격대를 알아냈다. 오히려 그때 그 사건이 필자에게 짠돌이 경영을 하게 한 초석이 되었다. 그래서 지금은 새로운 사람과 새로운 작업을 진행하게 되면 먼저 적당한 단가를 협의하고 계약서를 작성한다. 그리고 상대방을 100% 믿지 않는다.

사업 초기 필자의 모친이 이런 말씀을 하셨다.
"사기는 내 주변에 나를 잘 아는 사람이 치지 모르는 사람은 몰라서 치지 않으니 주변에 친한 사람들을 조심해라."

창업 초기의 시련은 오히려 필자에게 새로운 에너지를 준 것 같다. 그 일이 있은 후 홍대 사무실을 정리하고 신설동에 독자적인 개인 사무실을 얻어서 이사를 하기로 결정했다.

홍대 사무실을 정리하기로 생각하고 정리하러 나가는 어느날 퇴근할 때 필자의 머리를 스치는 출판 아이템이 있었다. 필자가 운영 중인 온라인 카페의 회원들을 타깃으로 출판관련 시리즈를 만들어 보자는 것이었다. 필자가 운영 중인 온라인 카페는 출판관련 정보를 공유하는 모임이었는데 그 분야에서 꽤 많은 회원수를 확보하고 있었다.

출판사 직원이나 창업을 준비하는 분들에게 필요한 출판 시리즈를 만들자는 생각으로 구상된 시리즈가 [북즐(BookZle] 시리즈였다. [북즐(BookZle]은 필자가 예전에 다른 사업을 하려고 상표 등록을 해둔 상표였다.

[북즐(BookZle] 시리즈는 〈출판기획 실무노트〉, 〈출판편집 실무노트〉, 〈출판제작 실무노트〉, 〈출판디자인 실무노트〉, 〈출판마케팅 실무노트〉, 〈출판제작(편집, 디자인) Q&A 모음집〉의 6종이다.

첫 책은 필자의 친한 친구이자 지인이었던 K작가가 그동안 가지고 있던 원고를 선뜻 내주어서 빨리 진행을 할 수 있었다. [북즐

(BookZle)] 시리즈 첫 책의 반응에 힘입어 다음 책들에 가속도를 붙여 진행을 할 수 있었다.

책의 판매는 순조로웠고 이는 아주 힘들었던 창업 초기에 필자에게 출판에 대한 작은 희망을 주었다. 지금도 [북즐(BookZle)] 시리즈를 기반으로 [북즐(BookZle) 활용] 시리즈, [북즐(BookZle) 아트북] 시리즈로 이어졌고 그 시리즈가 진화하면서 계속 출간되고 있다.

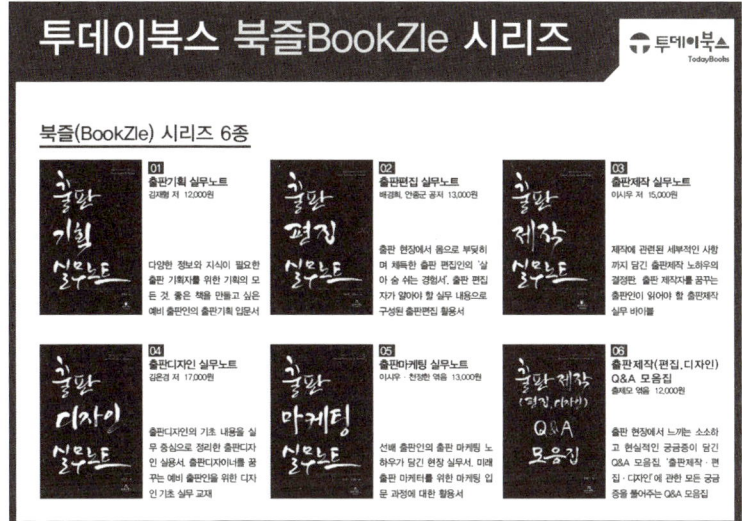

▲ [북즐(BookZle)] 시리즈 광고화면

4

멈출 수 있을 때
멈춰야 한다

창업 초기에 기획한 10여 종의 기획물들 중 실제로 책으로 나온 종수는 2종뿐이다. 모두 현실화 단계에서 사라졌다. 한 종이 〈위대한 일화의 재발견〉이었고 나머지가 〈이야기 고사성어〉이다.

창업 초기 기획한 〈이야기 고사성어〉는 작가 섭외만 1년 이상이 걸렸으며, 작가가 원고를 탈고한 시점이 계약일로부터 1년 6개월 정도 걸렸다. 작가가 원고를 탈고한 무렵 필자는 그동안의 출판 경험으로 다음과 같은 것을 깨달았다.

'이런 책은 내가 만들면 안 되는 책이다.'

작가를 만나 그동안 준 계약금과 중도금을 포기할 테니 다른 곳에서 출판을 하는 것이 좋을 것 같다고 말하고 싶었다. 작가를 만나기로 약속한 어느 날 필자는 이런 생각을 했다.

'그동안 들어간 돈이 많고 날 믿고 1년 6개월간 정규직 직장을 구하고 않고 아르바이트를 하면서 원고를 탈고한 작가에게 이럴 수는 없다. 그러니 원고를 반으로 나누어 〈이야기 고사성어 1〉, 〈이야기 고사성어 2〉로 하자. 〈이야기 고사성어 1〉이 실패하면 그때 멈추자.'

작가를 만나 이상의 내용으로 계약서를 다시 쓰기로 생각했다. 작가도 흔쾌히 동의를 했다.

〈이야기 고사성어 1〉의 판매는 아주 부진했다.

필자는 그 책을 만들고 나서 나름 큰돈을 날렸다. 그나마 다행인 것은 그 전 달 강의 수익이 어느 정도 되어서 제작비를 모두 처리할 수 있었다.

실패에서 배운 것은 다음과 같다.

> [실패 원인 분석]
> 1. 정확한 타깃을 정하지 않은 책 기획은 표류하고 만다.
> 2. 누구나 만들 수 있는 아이템으로 책을 만들면 실패한다.
> 3. 만화가 아무리 좋아도 텍스트 자료의 수준이 낮으면 안된다.
> 4. 만화책 제작 시 만들려는 원고와 잘 부합되는 표지와 본문 종이의 선택이 중요하다.
> 5. 만화책은 아동들이 구입을 하는 것이 아니라 대개 아동의 부모님이 구입을 하므로 학부모의 눈에 들어야 한다.

정확한 타깃을 정하지 않은 책 기획은 표류하고 만다.

단순히 이런 책이면 좋겠지라는 안일한 생각으로 시작된 기획은 실패하는 것이었다. 좀 더 정확한 시장조사를 거치고 현실화 단계를 거쳐야 했었다.

누구나 만들 수 있는 아이템으로 책을 만들면 실패한다.

고사성어(故事成語)라는 소재는 누구나 자료를 구할 수 있으며

재가공이 가능한 자료들이다. 이런 아이템으로 책을 만들면 만들기는 쉬워도 성공하기는 어려운 것이었다.

만화가 아무리 좋아도 텍스트 자료의 수준이 낮으면 안된다.

만화가 아무리 그림을 잘 그려도 텍스트 자료의 수준이 어느 정도는 따라 주어야 한다. 만화가가 스토리 작업이 안된다면 스토리 작가를 투입해서라도 텍스트 자료의 수준을 높여야 했었다.

만화책 제작 시 만들려는 원고와 잘 부합되는 표지와 본문 종이의 선택이 중요하다.

책의 표지 종이는 좀 더 좋은 종이를 사용했어야 했고 본문 종이는 백상지가 아닌 아트지나 스노우화이트지를 사용했어야 했다. 그렇게 해야 컬러 인쇄물이 잘 표현될 수 있었다.

만화책은 아동들이 구입을 하는 것이 아니라 대개 아동의 부모님이 구입하므로 학부모의 눈에 들어야 한다.

말 그대로이다. 학부모들이 좋아할 수 있도록 본문에 나오는 고사성어들이 초등학교 교과서에 인용되는 페이지를 표기했어야 했다. 그러면 이 책이 교과서와 연계된 것임을 더 잘 홍보할 수 있었을 것이다.

▶ 〈이야기 고사성어 1〉 표지화면

5

안되는 책은
누가 해도 안된다

창업 초기 기획한 출판기획물 중 하나인 [오늘을 살아가게 하는 힘]이라는 시리즈의 두 번째 책이 〈위대한 실화의 재발견〉이다.

먼저 출간된 〈위대한 일화의 재발견〉의 실패를 분석한 결과 〈위대한 실화의 재발견〉은 출판을 하면 안 된다는 결론을 내리게 되었다.

〈위대한 실화의 재발견〉을 집필한 K작가에게 그동안의 사정을 설명하고 양해를 구했다. K작가는 다른 출판사에서 출간을 하겠다고 했다. 당시 필자에게는 다행스러운 일이었다. 필자를 믿고 5개월간 작업한 원고가 세상에 나오지 못하고 묻히는 것보다 다른 출판사에서 빛을 보는 것이 더 좋았기 때문이다.

몇 달 후 〈위대한 실화의 재발견〉은 A출판사에서 다른 제목으로 책이 나왔다. A출판사는 가끔 신문 광고도 하는 그런 출판사였다. A출판사에서 나온 그 책의 판매는 부진했다. 몇 년이 흐른 후 K작가는 A출판사와의 출판권 설정 계약을 해지하고 B출판사와 다시 계약을 했다. 몇 달 뒤 B출판사에서 다시 책이 나왔다. 그 책 또한 판매가 부진했다.

필자의 잘못된 기획으로 탄생한 〈위대한 실화의 재발견〉은 제목이 변경되어 두 곳의 출판사에서 출간되었지만 모두 실패한 책이 되었다.

창업 그 다음 해인 어느 날 필자에게 넘어온 외국 판권이 있었다. 그 책들은 시리즈로 총 30여 종이었는데 계약금 및 제작 비용을 필자가 부담하기 어려운 부분이 있었다. 필자는 고심 끝에 외국 판권을 C출판사에 소개시켜주고 출판을 포기했었다. 필자와 C출판사 대표 그리고 국내에 그 판권을 이어주는 L대표가 만났다. 그 자리에서 필자가 포기한 것을 C출판사에서 가져가기로 구두 약속을 하고 헤어졌다. 돌아오는 길에 아쉬움을 달랬던 기억이 난다.

C출판사는 자금력이 좋은 중견출판사라 그런지 그 시리즈 10종을 동시에 출간했다. C출판사의 마케팅 능력과 관계없이 책의 판매는 저조했다. 생각보다 너무 안 팔렸다.

올 컬러 책이어서 제작 비용도 많이 들었을 것이다. 판단은 C출판사 대표가 했지만 도의적으로 미안한 마음이 들었다.

필자는 가끔 이런 생각을 한다.
'안되는 책은 누가 해도 안되는구나.'
그러면서 이런 생각도 한다.
'그 책들이 모두 잘 팔렸으면 내 기분은 어떨까?'
지금도 출판 정글을 돌아다니며 좋은 작가를 찾고 있다.
열심히 책을 만들다 보면 분명 필자와 맞는 좋은 작가를 만날 거라고 생각한다. 그래서 오늘도 페이스북을 살펴보고 오프라인 모임에 나간다.

하루하루의 일상은 힘들어도 꿈이 있고 희망이 존재한다면 출판은 재미있는 사업임에 틀림없다.

노력한 만큼의 결실이 없더라도 도전하는 그 자체에 더 큰 의미를 두고 싶다. 그리고 스스로에게 말한다.

"힘내. 언젠가는 좋은 날이 올 거야."

6

작가와 좋은 관계를 유지하려면 출판사의 노력이 필요하다

[북즐(BookZle)] 시리즈의 성공적인 판매로 [북즐(BookZle) 활용] 시리즈를 기획하기로 마음먹었다. [북즐(BookZle) 활용] 시리즈에서는 [북즐(BookZle)] 시리즈에서 다루지 못한 출판관련 정보를 담으려고 했다. [북즐(BookZle) 활용] 시리즈를 기획하던 중 필자의 눈에 들어온 출판 아이템이 있었다. 바로 캘리그라피(Calligraphy)였다. 당시 국내에는 7종 미만의 책들이 나와 있었다.

[북즐(BookZle) 활용] 시리즈에 캘리그라피 책을 넣는다는 것이 조금은 부담되었지만 캘리그라피도 넓은 의미에서 출판의 한 부분이라고 생각해서 진행하기로 했다.

가장 먼저 캘리그라피 책을 집필할 작가를 찾았다. 지인들에게 부탁해 보고 페이스북에서도 찾아보았다. 그러던 어느 날 필자가 운영 중인 온라인 카페 출제모(http://cafe.daum.net/bookmakepeople)에 올라온 광고를 보았는데 캘리그라피 관련 작업을 의뢰받는다는 광고였다.

필자는 그분(K작가)에게 만날 것을 요청했다. K작가는 여러 곳에서 현재 강의를 하고 있었고 책 집필에 관심을 많이 가지고 있었다. 다른 작가들과는 다른 계약 조건을 제시했지만 수용하고 계약을 했다.

K작가의 첫 책은 〈캘리그라피 실무노트〉였는데 반응이 좋았다. 〈캘리그라피 실무노트〉의 좋은 반응에 힘을 입고 두 번째 책인 〈캘리그라피 실전 Advance〉가 출간되었다.
캘리그라피 책들은 당시 모연예인의 취미 생활이 캘리그라피라는 것이 알려지면서 좋은 분위기를 이어나갔다.

K작가와의 관계는 그 뒤로도 계속 이어졌다. K작가의 소개로 필자가 2년 동안 찾던 드로잉 관련 작가 두 분을 소개받았다. 그동안 열심히 여러 작가들을 만나고 계약을 추진했었는데 K작가의 인맥으로 너무 쉽게 그리고 너무 좋은 분들을 소개받아 계약을 했다. 그 감사함에 K작가의 요청에 최대한 빨리 최선을 다해 업무를 처리하고 있다.
K작가 또한 두 권의 책이 나와서인지 강의도 훨씬 많이 늘었다고 했다. 작년에는 캘리그라피 민간 자격증도 발행하며 관련 일들을 위한 회사도 설립했다. 앞으로가 더 기대되는 작가이다.

출판사와 작가는 상호협력을 하며 함께 성장하는 것이 가장 좋다. 어느 한쪽만 이익을 보면 그 관계는 유지되기 어렵다고 생각한다. K작가와 그런 관계가 계속 이어지기를 희망하며 관계 유지를 위해서 서로 노력을 해야 한다고 생각한다.

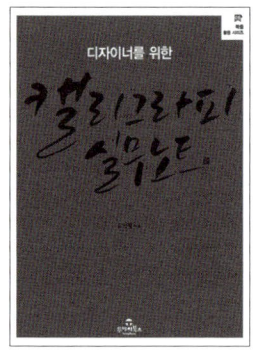 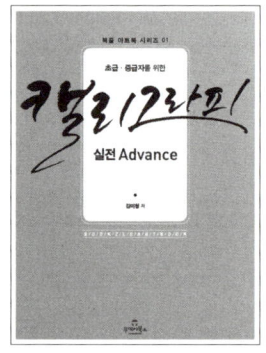

▲ 〈캘리그라피 실무노트〉 표지화면　　　▲ 〈캘리그라피 실전 Advance〉 표지화면

Power Tip 성공적인 미팅을 위한 테크닉

■ **미팅 전**

① 철저한 사전 준비로 미팅 시간을 줄이고 만남의 횟수를 줄이자.
② 명확한 목적을 가지고 만나자.
③ 미팅 전 자신감을 최대한으로 올리자.

■ **미팅 시**

① 만나기로 한 장소에 상대방 보다 10분 정도 일찍 도착하자.
② 미팅이 시작되면 가장 먼저 명함을 교환한 후 명함을 자세히 읽어보자. 그런 다음 테이블 위에 올려두도록 하자.
③ 급한 마음에 만나자마자 본론으로 들어가지 말고 가벼운 이야기나 상대방을 칭찬하며 미팅을 시작하자.
④ 이야기 중간 중간에 메모를 하자. 상대방에게 좋은 인상을 줄 수 있으며 미팅을 마친 후 내용을 정리하기에 좋다(노트와 필기도구는 필수이다).

■ **미팅 후**

① 그날 있었던 미팅 내용을 바로 정리해서 문서화하자.
② 받은 명함을 정리하고 필요하다면 휴대폰에 등록하자.
③ 호감이 많이 생긴 경우에는 문자를 보내서 안부를 묻자.

7

그 책이 필요한 사람에게서 답이 나온다

[북즐(BookZle)] 시리즈를 모두 출간한 시점에 지인으로부터 전화 한 통을 받았다. 1인 출판사를 본격적으로 준비하고 싶은데 출판사 창업에 도움이 될 만한 책이 있느냐는 것이었다. 필자는 [북즐(BookZle)] 시리즈 6종을 다 보면 도움이 된다고 했다. 하지만 지인은 그것은 분야별로 나누어져 있고 분량이 너무 많아서 부담이 된다고 했다.

지인의 말에 대해 고민을 하다가 어느 날 갑자기 이런 생각을 하게 되었다.
'[북즐(BookZle)] 시리즈의 출판기획, 출판편집, 출판제작, 출판마케팅 부분의 원고를 활용해서 1인 출판사에 필요한 부분으로 다시 재구성하고 그리고 창업 시 필요한 준비사항에 대한 부분만 더 집필을 해서 책을 만들면 어떨까?'

필자는 바로 실행에 옮겼다.
먼저 출판기획, 출판편집, 출판제작, 출판마케팅 책을 집필한 작가들에게 나의 생각을 전달하고 새로 구성되어질 책에 맞도록 재작업을 요청했다. 그리고 책의 인세는 다음과 같이 처리하기로 했다.

> ■ **공동 작업 시 작가 인세 산출 방법**
>
> 책정가가 20,000원이고 저자 인세가 7%, 제작부수 1,000부, 본문의 전체 페이지가 368P인 경우에 A작가의 원고가 92P라고 한다면 A작가에게 지급할 인세는 350,000원이 된다.
>
> [(20,000원 × 7%) × 1,000부 × (92P/368P)]
> = 1,400원 × 1,000부 × 0.25
> = 350,000원

책의 페이지가 생각보다 많이 나와서 제작 비용이 걱정되었는데 새로 만들어지는 책에 원고를 그냥 준 작가들이 있어서 작가인세 부담은 많이 줄었다. 너무 감사한 일이었다.

그렇게 해서 만들어진 책이 [북즐(BookZle) 활용] 시리즈의 1번인 〈1인 출판사 창업 실무노트〉이다. 〈1인 출판사 창업 실무노트〉는 반응이 나쁘지 않았다. 초판 2쇄까지 제작한 후 수정할 내용이 너무 많고 창업에 바로 필요 없는 내용들이 있다고 해서 그런 부분들을 모두 빼낸 후 개정판으로 재출간하였다. 개정판 작업을 하면서 책의 제목도 변경해 〈내 출판사 창업 성공하기〉로 정했다. 이 책을 구입하는 분들이 출판사 창업을 성공적으로 하기를 바라는 마음에서였다.

〈1인 출판사 창업 실무노트〉의 성공적인 출발은 다음 번 책을 만드는 힘이 되었다.

그 책이 필요한 사람에게서 답이 나오는 것이다. 지인의 전화 한통으로 시작된 고민이 새로운 시리즈의 탄생으로 이어졌으니 말이다.

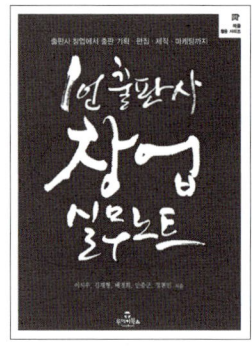 

▲ 〈1인 출판사 창업 실무노트〉 표지화면　　▲ 〈내 출판사 창업 성공하기〉 표지화면

8

〈하나 더하기 하나〉
기획이야기

앞에서도 말했듯이 [북즐(BookZle)] 시리즈의 순조로운 출발로 그 다음 시리즈인 [북즐(BookZle) 활용] 시리즈가 탄생하게 된다. 특히 [북즐(BookZle) 활용] 시리즈의 1번인 〈1인 출판사 창업 실무노트〉의 좋은 출발은 2번, 3번 시리즈까지 잘 이어졌다. 특히 5번인 〈캘리그라피 실무노트〉의 반응이 좋았다. 그래서 캘리그라피, 드로잉, 사진관련 책을 시리즈로 내면 좋겠다는 생각을 하고 시장조사를 해 보았다.

크게 판매량이 좋지는 않아도 꾸준히 판매되는 것을 알 수 있었다. 이런 스타일의 책은 필자의 출판사와 잘 맞는 분야라는 생각에 시작하기로 마음먹었다. 그렇게 해서 탄생한 것이 [북즐(BookZle) 아트북] 시리즈이다.

[북즐(BookZle) 아트북] 시리즈는 현재 3종이 나와 있으며 현재 시리즈의 7번까지 계약되어 있다. 독자들에게 꾸준히 사랑받는 책이 되도록 잘 만들어 보려고 한다.

모두 다 반응이 좋았던 것만은 아니다. 실패한 시리즈가 있다.

[북즐(BookZle) IT] 시리즈가 그것이다.

[북즐(BookZle) IT] 시리즈의 1번의 실패로 2번을 더 이상 진행할 수 없도록 했다. 과감히 2번을 보류시키고 처음부터 다시 점검을 해 보았다. 실패의 원인을 알고 싶었다.

요즘 IT 책들의 판매 부진을 간과했다. IT 책을 만들려고 했다면 좀 더 차별화를 했어야 했다. 그리고 정확한 독자 타깃팅이 되지 않았다. 처음부터 실패한 기획으로 만들어진 책이 잘 나간다는 것이 오히려 이상하다는 생각이 들었다.

숨고르기를 하는 차원에서 [북즐(BookZle) IT] 시리즈의 출간을 잠시 보류 중이다. 이제는 출간 타이밍과 차별화, 정확한 독자 타깃팅을 한 후 다시 진행하려고 한다.

흔히 출판 기획을 이야기할 때 3T 기법을 많이 이야기한다. 필자도 3T에 대해서 짚고 넘어가려고 한다.

3T 기법을 이용한 기획에 대해서

3T는 타이밍(Timing), 타이틀(Title), 타깃(Target)을 말한다.

① 타이밍(Timing)

모든 것은 타이밍이 중요하다. 자전거를 구입하려는 사람에게 자전거 카달로그를 준다면 그 사람은 자전거를 구입할 확률이 높다. 책도 마찬가지이다. 내가 읽고 싶은 분야의 책이 적절한 시기에 나온다면 베스트셀러가 될 수 있다. 한때 부동산 시장의 경기가 좋았을 때 부동산 관련 책들이 베스트셀러에 올랐다.

한편으로는 이런 생각도 한다. 올해 어떤 책이 히트를 칠지 안다면 누가 그런 책을 안 만들겠는가? 노력도 중요하지만 약간의 운도 필요한 것 같다.

② 타이틀(Title)

책의 제목은 그 책의 전체 내용을 대변한다. 사람을 만날 때의 첫 대면과 같이 독자가 처음 대하는 것은 책의 제목이다. 책 제목에서 끌림이 와야 한다. TV에서 한 대학생이 긍정이라는 단어가 좋아서 "긍정 심리학"이라는 책을 구입했다고 하는 것을 본 적이 있다. 지방에서 올라와 단칸방에서 공부하는 그 학생에게 긍정의 힘이 필요했을 것이다. 끌림이 있는 적절한 제목은 독자에게 한 발 더 다가가는 중요한 무기가 된다.

③ 타깃(Target)

기획 중인 책의 독자 타깃이 분명할 때 책의 포지셔닝(Positioning, 시장에서 제품의 위치를 명확히 하는 전략)이 정확해진다. 누구나 다 볼 수 있는 책은 반대로 아무도 안 볼 수 있다. 하지만 정확한 타깃이 있는 책은 독자들을 중심으로 독자층을 확대시킬 수 있는 것이다. 출판 기획을 하는 모든 분들이 항상 고민하는 것이 예상 독자 타깃 선정이 아닐까?

9

출판편집의 정도(征途)

〈캘리그리피 실무노트〉 작업 시 있었던 일이다.

K작가의 원고를 받았다. 당시 필자는 개인적으로 여러 가지 일들을 동시에 하고 있었다. 그리고 필자는 외주 디자이너를 많이 믿고 있었다. 그래서 별도의 편집 작업을 거치지 않고 K작가의 원고를 그대로 디자이너에게 넘겼다.

당시 필자는 편집의 중요성을 잘 알지 못했다. 출판사 근무 시절 제작, 총무, 경리, 법무 일만 해왔었기에 구체적으로 편집 부분에서 어떤 일들을 해야 하는지 몰랐다.

원칙적으로 작가에게서 받은 원고를 디자이너에게 넘기기 전에 다음과 같은 작업을 해야 한다.

> [출판편집의 정도]
> 1. 작가의 원고가 기획 의도대로 제대로 집필되었는가?
> 2. 파트(또는 장), 소제목들의 구분이 잘되어 있는가?
> 3. 맞춤법, 띄어쓰기가 되어 있는가?

> 4. 본문 원고의 분량은 적당한가?
> 5. 제목과 표지 메인 문구, 서브 문구들이 적당한가?

이상과 같은 편집 업무를 무시하고 진행을 시킨 결과 1차 교정지가 나오고 나서 교정, 교열자의 업무가 늘어났다. 파일에서 어느 정도 교정을 본 후 디자인 작업을 넘겨야 했는데 그 과정을 무시했으니 1차 교정지는 빨간 펜으로 도배가 되었다. 그렇게 수정된 내용을 디자이너가 2차 교정 작업 시 모두 수정을 해야 했다. 결과적으로 교정 작업자와 디자이너를 혹사시킨 결과를 낳았다.

그 원고는 예정보다 3개월이 늦게 출간되었다. 이해심이 많은 디자이너의 배려로 우여곡절을 넘기고 출간이 된 것 같다.

지금부터 하는 이야기는 그런 과정을 극복하지 못하고 디자이너와 결별한 이야기를 해보려고 한다. 〈이야기 고사성어〉의 디자인 작업 시의 일이다. 이 또한 세심한 편집 작업 없이 디자이너에게 넘겨졌었다. 여러 차례의 본문 수정을 해야 했다. 그림을 그린 작가도 여러 번의 수정 작업을 감수해야 했었다.

어느 날 디자이너와 추가 작업 자료를 가지고 미팅을 했었다. 디자이너는 그동안의 힘들었던 이야기를 하며 필자랑 더 이상 일을 하기 싫다고 했다.

보기 좋게 디자이너에게 퇴자를 맞았다. 그래도 그동안의 인정으로 작업을 한 상태의 파일은 넘겨주었다. 필자는 그 데이터를 가지고 다른 디자이너를 섭외했어야 했다.

작가의 원고가 기획 의도대로 제대로 집필되었는가?

작가의 원고가 들어오면 처음 기획한 의도대로 집필이 되었는지 정독을 하자. 만약 기획 의도대로 되지 않은 부분이 있다면 그 부분만 수정을 요청하자.

파트(또는 장), 소제목들의 구분이 잘 되어 있는가?

처음 원고를 쓰는 작가들은 각 장의 제목과 세부 목차들의 제목을 완벽하게 잡지 못한다. 그렇기 때문에 편집 담당자는 파트나 장의 제목과 소제목들을 다시 잡아주면 좋다. 추후 변동이 되더라도 그것이 도움이 된다.

맞춤법, 띄어쓰기가 되어 있는가?

파일 상태에서 일괄적으로 통일을 시켜주자. 앞에서는 작가라고 했다가 뒤에서는 필자라고 하면 안된다. 용어의 통일은 기본이고 맞춤법과 띄어쓰기도 잡아주자. 교정, 교열 작업이 기다리고 있지만 넘기기 전에 확신이 있는 부분은 어느 정도 수정을 하자.

본문 원고의 분량은 적당한가?

단순하게 보았을 때 책의 본문이 너무 많으면 책의 정가를 올려야 한다. 경쟁 도서보다 더 올린다면 가격 경쟁면에서 불리하다. 그러므로 적당한 분량을 위하여 군더더기 부분은 과감히 들어내야 한다. 어떻게 보면 더하는 것보다 빼는 것이 더 어려운 것도 사실이다.

제목과 표지 메인 문구, 서브 문구들이 적당한가?

본문의 디자인 작업이 어느 정도 진행되는 시점에서 표지의 제목도 확정을 하고 메인 문구, 서브 문구들을 구성해야 한다.

필자는 작가에게서 받은 책의 머리말에서 그 문구들을 가져온다. 책에 대한 소개를 작가가 가장 잘하기 때문이다.

10

본문 편집 단가 책정하는 방법

출판사 경영이 어렵다 보니 모든 것에서 비용 절감을 해야 한다.

출판사 근무 시절이 생각난다. 비용 절감을 위해서 직원들에게 잔소리를 하는 필자에게 당시 출판사 대표님이 따로 불러 다음과 같이 말씀을 하셨다.

" 아, 이 실장. 너무 쫀쫀하게 굴지 마.

출판은 한 방이야. 그러니 사소한 것에 너무 연연하지 말고 좀 더 크게 봐."

그 회사에 들어가기 전 직장에서 필자는 그 반대로 배웠다.

"재활용쓰레기 봉투, 볼펜 한 자루 등등 모두 절약하지 않으면 우리는 망한다."

필자에게 쫀쫀하게 굴지말라고 했던 출판사 대표님은 몇 년 전 부도를 냈다. 그 규모가 좀 되는 것으로 들었다. 필자에게 절약을 강조하신 대표님은 서교동에 100여 평의 출판사 사옥과 40여 평의 북카페 그리고 500여 평의 출판사 물류센터를 개인의 자산으로 갖고 있다.

다시 본론으로 돌아와서

필자가 말하고 싶은 것은 무조건 절약을 해야 한다는 것이다.

독서 인구가 매년 감소하는 출판환경에서 망하지 않고 살아남는 방법은 절약뿐이다.

본문 편집 단가 책정에 대해서 알아보겠다.

편집 비용의 경우 작업의 난이도와 작업자의 실력에 따라 가격의 차이가 가장 많이 나는 업종 중에 하나라고 생각한다. 당연히 정해진 가격은 있어도 그 가격의 차이를 100% 검정할 방법이 없는 직업군이기도 하다. 그렇다 보니 외주 작업 처리 시 확실한 작업 계약서를 작성한 후 일을 진행할 필요가 있다.

다음은 평균적인 단가라고 보기 바란다. 이 단가보다 더 저렴하게 하는 업체도 있을 수 있고 더 비싸게 하는 업체도 있을 것이다. 평균적인 단가를 제시한 것이므로 단가에 연연하지 말고 어떻게 책정이 되는지 알아보자.

[편집 단가표]

단위 : 원

구분	본문 도수	단가	비고
본문 편집 비용	1도	3,000	페이지당 단가
	2도	4,000	
	4도	5,000	

본문 편집 비용의 경우 1도, 2도, 4도로 구분되어 페이지당 단가가 책정되는데 어떤 업체의 경우에는 판형(국배판, 46배판, 신국판)에 따라 단가가 책정되기도 한다.

> **본문 편집 비용 구하는 방법**
> 만들려고 하는 책의 본문 페이지가 256P이고 본문이 2도인 경우에는 다음과 같이 본문 편집 비용이 나온다. 최종 페이지는 책이 출간된 다음 최종 페이지로 결정을 하면 된다.
>
> **최종 페이지×2도 단가**
> 256P×4,000원=1,024,000원(VAT 별도)

무조건 절약을 해야 산다.

성공한 출판인들에게는 배울 점이 참 많다. 나쁜 점까지 모두 배울 필요는 없지만 좋은 점은 배워야 한다. 그들의 성공은 그냥 된 것이 아니라는 것이다. 필자는 11년 간의 출판사 재직시절을 통해 간접 경험을 했다. 그래서 여러분들에게 다시 한 번 더 강조하는 것이다.

무조건 절약하지 않으면 망한다.

조직생활을 하다 보면 옆자리의 직장동료가 새로운 모니터를 교환하면 자신도 모니터를 바꾸고 싶어진다. 옆자리의 동료가 품의서를 올렸는데 너무 쉽게 결재가 나서 물품을 구입한다면 나도 그렇게 하고 싶어지는 것이 사람의 마음일 것이다.

물품의 구입은 몇 번을 생각해 보고 꼭 필요한 경우에 구입을 해야 한다. 품의서에 올라온 것을 별다른 검증 없이 모두 구입해 준다면 너도나도 새로운 것으로 바꾸고 싶어할 것이다.

점점 어려워지고 있는 출판사의 현실을 잘 직시하자.

에피소드 1 출판사 입사에서 현재까지

필자가 10년 간 근무한 D출판사에서 필자는 많은 것을 배웠다. 출판제작, 총무일, 법무일 등등을 배웠다.

출판제작 일을 하면서 출제모라는 온라인 카페를 만들고 키웠고 인맥을 쌓았다. 총무일을 하면서 출판사 경영에 대해 간접적으로 배웠다. 특히 법무일을 하면서 많은 소송들을 진행해 보았다. 그 경험은 출판사 경영에 많은 도움을 받았고 주변사람들에게 자문도 하게 되었다.

IT 관련 회사를 다니다가 우연한 일로 출판사에 입사를 하게 되었다. 처음 6개월 간은 회사 홈페이지를 구축하는데 시간을 보냈다. 당시 ASP 라는 컴퓨터 언어로 홈페이지를 만들었다.

그렇게 시작한 출판일을 벌써 17년째 하고 있다. 필자가 처음 출판사에 입사했을 때 많이 들었던 이야기를 지금도 자주 듣는다.

"출판 불황 그리고 그 끝은 어디까지인가?"

"독자들이 책을 안 읽는다."

모든 업종이 그러하듯 잘되는 곳은 사람으로 넘쳐난다. 하지만 안되는 곳은 1년~3년 안에 문을 닫는다. 그에 비해 출판사의 폐업율은 낮을 것이다. 1인 출판사의 경우 출판사 경영도 하면서 다른 일을 함께 할 수 있어서인지 모르겠다.

필자는 2곳의 출판사에서 근무를 했었다. 극단적으로 말하자면 잘되는 출판사와 잘 안되는 출판사로 구분할 수 있다.

잘되는 출판사는 달라도 다르다.
냉정할 정도의 조직관리, 잘하는 사람은 밀어주고 키워주는 인사, 조직의 단결, 누구나 가지고 있는 주인정신, 철저한 자금관리, 대표자의 솔선수범, 애사심, 자긍심 등등……
안되는 출판사는 다음과 같았다.
회사 내부의 세력 다툼, 부적절한 인사 이동, 그늘에서 열심히 일하는 사람보다 대표자에게 아부하는 사람만 우대, 미숙한 자금관리 등등……

필자가 출판사를 경영하면서 가장 많이 느끼는 점은 그때 왜 대표자들이 그렇게 행동을 했는가이다. 직원으로 있을 당시에는 이해를 못했던 일들이 이해가 간다. 직원의 눈으로 보지 못했던 일들이 눈에 보이기 시작한다. 가끔은 직원으로 있었을 때가 마음은 편했구나라고 생각한다. 보지 말아야 할 것과 모르고 살면 좋았을 것들을 알게 되어서인지 모르겠다. 그래도 만들고 싶은 책을 만들고 실패하더라도 새로운 책을 기획하는 이 모든 일들이 좋다. 그리고 직장에서 잘리지 않고 평생 내 일을 할 수 있어서 더 좋다.

제2장

출판제작
실무노트

출판인에게 출판제작을 잘 안다는 것은 또 하나의 무기를 들고 전장에 나가는 것과 동일하다. 칼만 들고 나가는 것보다 방패도 있다면 싸움에서 내 몸을 방어하는데 큰 도움이 될 것이다.

출판제작은 출판사를 경영하거나 그 업무를 하면서 자연스럽게 배우는 것이 가장 좋다.

이번에 만들 책이 신국판이라면 신국판을 어떻게 만드는지 배우자. 그리고 어떻게 만들었는지 정리를 하자. 이렇게 쌓이는 자료들은 출판이라는 정글에서 나에게 방패 역할을 할 것이다. 그 시작은 바로 지금이다.

북즐(BookZle) 활용 시리즈 10
출판 고수 정리노트

1

종이를 저렴하게
구입하는 노하우

출판제작 비용에서 저자 인세와 디자인 비용을 제외한 실제작비만으로 볼 때 종이 비용이 가장 많이 든다. 즉 실제작 비용인 종이 비용, 인쇄 비용, 출력 비용, 제책 비용, 라미네이팅 비용 중 종이 비용이 가장 높다. 백분율(%)로 말하자면 40%~60%가 종이 비용이다. 그러므로 종이 비용을 줄이는 것이 제작 비용 절감에서 가장 중요하다.

종이 비용은 종이의 공장도 가격에서 할인율로 그 금액이 정해진다. 예를 들어 1연(R)에 40,000원 하는 종이를 할인율 30%로 받으면 28,000원이 되고 27%로 받으면 29,200원이 된다. 30% 할인된 금액으로 공급을 받을 것인지, 27%로 할인된 금액으로 공급을 받을 것인지를 지업사와 협의해야 한다.

지업사에서 종이를 구입하는 출판사의 경우 신규인 경우와 기존 거래처가 있는 경우로 나눌 수 있다.

먼저 신규인 경우에는 지업사 선정이 중요하다.

　이 경우 현재 출판사에 근무 중인 제작담당자나 출판사 대표에게 도움을 받자. 그냥 전화 한 통으로는 진정성 있는 도움을 받지 못한다. 꼭 시간을 잡고 만나서 진심어린 부탁을 하자. 특히 현재 규모가 있는 출판사에 근무 중인 제작담당자의 소개가 가장 좋다.
　가끔 필자에게도 지업사 소개를 부탁하는 전화가 온다. 이 경우 필자는 현재 출판사에 근무 중인 후배나 선배를 소개해준다.
　'작은 출판사 대표의 한 마디 말보다는 중/대형출판사 제작담당자의 파워가 더 크다.'

　출판사 창업을 하고 첫 책을 만들기 위해서 종이를 입고한 때의 일이 생각난다.
　종이가 입고된 인쇄소에서 전화가 왔다.
　표지는 46전 2절로 인쇄를 하니 46전지를 절반으로 재단해서 입고해 달라는 것이었다. 출판사 근무시절 제작만 11년을 했었는데 이런 전화를 처음 받았다.
　사실인즉 인쇄소에 재단기가 없거나 굳이 시간을 내서 재단하기가 싫은 것이었다. 그때 거래하던 지업사 사장님이 표지 종이를 인수해서 근처 재단기가 있는 인쇄소에 부탁해서 재단을 한 후 다시 입고를 시켰다고 한다.
　'작은 출판사 대표보다 중/대형출판사 제작담당자의 파워가 더 좋은 것 같다.'

기존 거래처가 있는 경우에 대해서 알아보자.

현재 대금 결재를 어음으로 하고 있다면 현금 지급으로 돌려서 할인율을 높이도록 하자. 그리고 주기적으로 할인율 변동을 파악해서 대응하자.

종이를 생산하는 제지회사는 1년에 한 번은 꼭 종이 인상건을 들고 나온다. 종이를 생산하는 제지회사에서 종이가격을 올린다고 하면 그 종이를 받아서 출판사에 유통시키는 지업사들은 힘이 없다. 그냥 따라야 하는 구조이다. 그렇게 되니 지업사에서 종이를 공급 받는 출판사 또한 자연스럽게 그 분위기로 가는 것이다.

지업사에 근무하는 후배의 말에 의하면 제지회사는 수출쪽으로 더 신경을 쓰지 국내시장은 수출쪽보다는 신경을 덜 쓴다고 한다 (수출쪽이 이윤이 더 좋다고 한다).

국내시장에서 출판시장은 매우 작은 위치이다. 10%가 안된다고 한다. 아니면 그 이하일 것이다. 특히 국내시장에서 상업인쇄쪽은 시장이 소폭 상승하는 반면 출판시장은 매년 축소를 하고 있으며 제지회사 간 경쟁이 심한 것도 한 몫을 한다.

여러 가지 경우 중에서 종이 비용만큼은 그 변화에 촉각을 곤두세우고 신경을 쓰자. 신경을 쓴 만큼 좋은 결과로 돌아올 것이다.

Power Tip 종이 한 장의 평량과 종이의 포장단위

종이 한 장의 평량($g/㎡$)은 단위 1제곱미터 당 무게를 나타내며 종이의 강도, 불투명도, 두께에 영향을 미친다. 일반적으로 백상지는 70$g/㎡$, 80$g/㎡$, 90$g/㎡$, 100$g/㎡$ 등이 많이 사용되고 아트지나 스노우화이트(SW)는 100$g/㎡$, 120$g/㎡$, 150$g/㎡$, 180$g/㎡$, 200$g/㎡$, 250$g/㎡$ 등이 주로 많이 사용된다.

종이의 포장단위는 연(R)과 속(S)으로 구분된다.
연(REAM)은 종이의 기본 판매단위로 전지 500매를 1연 또는 1R이라고 표기한다. 예를 들어 전지 700매의 종이는 1연 200매 또는 1R 200S라고 표기한다.
속(SHEET)은 종이의 포장단위로 종이의 평량에 따라서 1속(S)에 포장된 종이 매수의 차이가 있다. 평량이 같아도 제지 회사에 따라서 1속당 종이 매수의 차이가 있다.

2

입고할 종이
계산하는 방법

 출판제작에서 책을 만들 때 가장 먼저 하는 것이 본문과 표지의 종이 계산이다.
 제대로 종이 계산을 하려면 **[책의 판형별 본문 절수]**를 알아야 한다. 공식과도 같은 것이다. 이해가 안된다면 다음의 도표를 보면서 발주서를 작성하면 된다.

 필자 또한 처음부터 이 도표의 내용을 암기하고 제작 업무를 시작한 것이 아니라 발주 때마다 보면서 제작 발주서를 작성했었다.
 2년 정도를 보면서 제작발주서를 작성하다 보니 어느 날 자연스럽게 머릿속에 들어왔다. 자주 만드는 신국판, 46배판을 제외하고는 실수하지 않으려고 다시 이 도표를 보고 제작발주서를 작성한다. 모르는 것은 부끄러운 것이 아니라고 생각한다. 모르는 것을 감추고 아는 체 하는 것이 더 부끄러운 일이다.

책의 판형별 본문 절수

종이 종류	판형	설명	전지 1장당 절수(쪽)	사이즈 (mm)	종이결
국전지 (636mm×939mm) (63.6cm×93.9cm)	국반판	신국판의 반	32절 [64쪽(Page)]	105×148	횡목
	국판	신국판에서 변형	16절 [32쪽(Page)]	148×210	종목
	신국판		16절 [32쪽(Page)]	152×225	종목
	국배판	신국판의 배	8절 [16쪽(Page)]	210×297	횡목
46전지 (788mm×1,091mm) (78.8cm×109.1cm)	46반판	46판의 반	64절 [128쪽(Page)]	90×118	종목
	46판	46배판의 반	32절 [64쪽(Page)]	127×188	횡목
	46배판		16절 [32쪽(Page)]	188×257	종목
	46배 변형판	46배판에서 변형	16절 [32쪽(Page)]	188×257 이하 176×248 이상	종목
대국전지	크라운판		16절 [32쪽(Page)]	176×248	종목
	크라운 변형판		16절 [32쪽(Page)]	크라운판에서 변형	종목

★46판, 국반판, 국배판만 종이 결이 횡목이 된다. 그 외는 종목을 사용한다.

[책의 판형별 본문 절수] 도표를 보면 전지는 국전지, 46전지, 대국전지의 3종이다.

이 종이로 대부분의 책들의 본문 인쇄를 하는 것을 알 수 있다. 46전지(46全紙 : 788mm×1,091mm), 국전지(菊全紙 : 636mm×

939mm)가 가장 많이 사용되며 대국전지 또한 많이 사용되는데 720mm×1,020mm가 가장 대표적이며 700mm×1,000mm도 많이 사용된다. 대국전지에 대한 정보는 거래하는 지업사를 통하여 더 상세하게 알 수 있으며 종이가 항상 있지 않으므로 판형에 맞는 대국전지를 사용하려면 최소 1개월 전에 준비를 해두어야 한다.

　판형에서 국반판, 국판, 신국판, 국배판은 본문 용지를 국전지로 사용한다(판형에 "국"자가 있으니 국전지라고 외우자).
　판형에서 46반판, 46판, 46배판, 46배 변형판은 본문 용지를 46전지로 사용한다(판형에 "46"자가 있으니 46전지라고 외우자).
　대국전지(720mm×1,020mm)로는 판형의 사이즈가 176mm×248mm까지의 책을 제작할 수 있다.

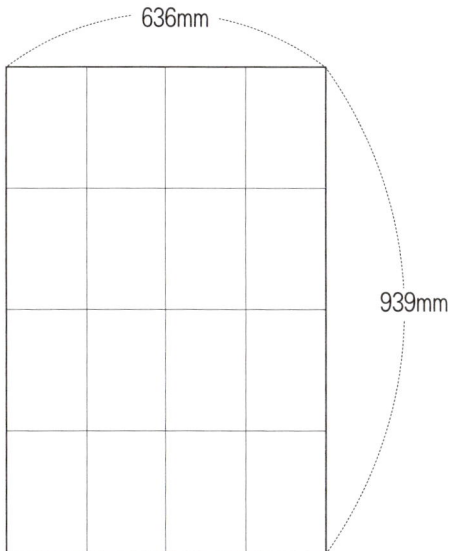

▲국전지의 절수 : 앞면 16P, 뒷면 16P

본문의 경우 국전지(636mm×939mm)로 제작할 수 있는 대표적인 판형이 신국판(152mm×225mm)이다. 신국판의 절수는 앞면 16P, 뒷면 16P이므로 32쪽이 나온다.

신국판(152mm×225mm)의 절반이 국반판(105mm×148mm)이다. 신국판의 쪽수가 32쪽이므로 국반판은 64쪽이 된다. 즉 국반판 2권을 합치면 신국판이 되는 것이다.

신국판(152mm×225mm)의 배가 국배판(210mm×297mm)이다. 신국판의 쪽수가 32쪽이므로 국배판은 16쪽이 된다. 즉 신국판 2권을 합치면 국배판이 된다.

국판(148mm×210mm)은 신국판(152mm×225mm)보다 가로, 세로가 조금씩 작은 책이므로 신국판과 동일한 32쪽이 나온다.

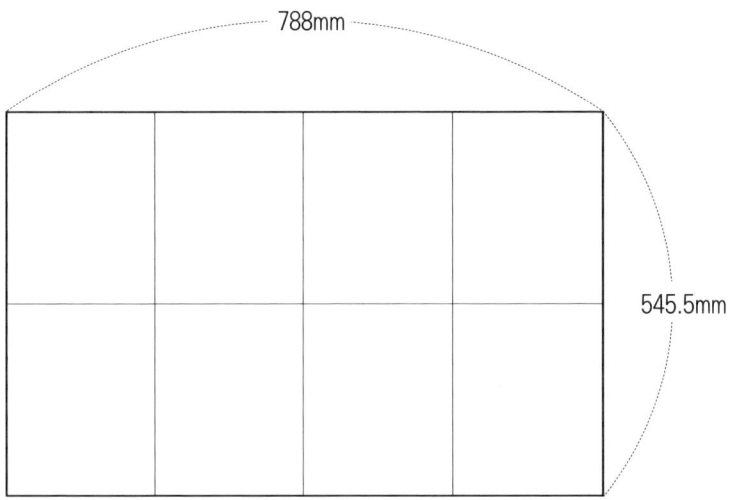

▲46전지 2절의 절수 : 앞면 8P, 뒷면 8P(46전지의 절수 : 앞면 16P, 뒷면 16P)

본문의 경우 46전지(788mm×1,091mm)로 제작할 수 있는 대표적인 판형이 46배판(188mm×257mm)이다. 46배판의 절수 또한 앞면 16P, 뒷면 16P이므로 32쪽이 나온다. 대신 국전지가 아니라 더 큰 전지인 46전지일 때를 말한다. 그런데 보통 46전지로 인쇄를 하지 않고 46전지 2절(788mm×545.5mm)로 인쇄를 하므로 앞면 8P, 뒷면 8P와 같은 절수가 나온다.

46배판(188mm×257mm)의 절반이 46판(127mm×188mm)이다. 46배판의 쪽수가 32쪽이므로 46판은 64쪽이 된다. 즉 46판 2권을 합치면 46배판이 되는 것이다.

46판(127mm×188mm)의 절반이 46반판(90mm×118mm)이다. 46판의 쪽수가 64쪽이므로 46반판은 128쪽이 된다. 즉 46반판 2권을 합치면 46판이 된다.

46배판 변형은 책 사이즈가 46배판(188mm×257mm) 이하이고 크라운판(176mm×248mm) 이상의 사이에서 만들어지므로 46배판과 동일한 32쪽이 나온다.

본문 용지를 선택한 후 용지의 종이결을 선택하는데 **46판, 국반판, 국배판만** 본문 종이결을 **횡목**으로 사용하고, 나머지는 모두 본문 종이결을 **종목**으로 사용한다.

본문 정미 및 여분 계산법

판형에 따른 본문 절수를 알았다면 본문 용지의 정미와 여분 계산법을 알아야 제작발주서를 작성할 수 있다. 본문의 정미와 여분 계산법에 대하여 알아보자. 여기서 말하는 정미라는 것은 제작하려고 하는 부수에 필요한 정확한 종이의 연수를 말하며 여분이라고 하는 것은 정확한 제작 부수를 제작하기 위하여 필요한 여분의 종이를 말한다.

인쇄 작업 중 원하는 인쇄물을 얻기 위해서는 여분의 종이로 시험인쇄가 필요하다. 여분 종이를 각 대수에 잘 맞춰 넣어 주어야 원하는 부수만큼의 제작물을 얻을 수 있다.

본문 종이 정미 계산법

본문 종이의 정미 계산법에 대한 기본적인 공식은 다음과 같다.

> ▶ **기본적인 공식**
> : [{Page ÷ 전지 1장당의 쪽수(16 또는 32 또는 64)} × 발행부수] ÷ 500
> = 종이 정미 연수
> ⇨ 여기서 500은 1R(연)의 종이량을 말한다.
> ⇨ 보통 국전지는 1연 단위로 발주하고 46전지는 250S(매) 단위로 발주한다.

예를 들어 46배판의 경우라면 [(Page ÷ 32) × 발행부수] ÷ 500 = 정미 종이 연수가 나온다. 다시 더 정확하게 예를 들어 보겠다.

46배판이고 본문 페이지가 256P이고 3,000부를 제작한다고 한다면 [(256 ÷ 32) × 3,000부] ÷ 500 = 48연이 된다. 즉 46전지로 정미 48연이 필요하다.

또 다른 예를 들어 본다.

국배판이고 본문 페이지가 256P이고 3,000부를 제작한다고 한다면 [(256 ÷ 16) × 3,000부] ÷ 500 = 96연이 된다. 즉 국전지로 정미 96연이 필요하다.

본문 종이 여분 계산법

본문의 정미 용지를 구했다면 본문의 여분 용지를 계산해야 하는데 여분 용지는 본문 도수에 따라 다음과 같이 여분을 준다(제작 부수가 3,000부 이하의 경우). 즉 대수에 여분 장수를 곱한 후 500으로 나누면 된다.

1. 본문이 흑백(1도) 인쇄의 경우 여분을 100장~150장을 준다.

◆계산법 : 대수 × 여분의 장수 = (　　) ÷ 500

46배판이고 본문 페이지가 256P이라면 [(256 ÷ 32) × 100] ÷ 500 = 1.6연이 된다. 즉 46전지로 여분 종이가 1.6연 필요하다는 것을 알 수 있다(보통 1.6연이 나오면 반올림해서 2연을 입고하면 된다).

또 다른 예를 들어 본다.

국배판이고 본문 페이지가 256P이라면 [(256 ÷ 16) × 150] ÷ 500 = 4.8연이 된다. 즉 국전지로 여분 종이가 4.8연 필요하다는 것을 알 수 있다(보통 4.8연이 나오면 반올림해서 5연 입고하면 된다).

2. 본문이 별색(2도) 인쇄의 경우 여분을 150장~200장을 준다.

◆계산법 : 대수 × 여분의 장수 = (   ) ÷ 500

46배판이고 본문 페이지가 256P이라면 [(256 ÷ 32) × 150] ÷ 500 = 2.4연이 된다. 즉 46전지로 여분 종이가 2.4연 필요하다는 것을 알 수 있다(보통 2.4연이 나오면 반올림해서 2.5연을 입고하면 된다).

또 다른 예를 들어 본다.

국배판이고 본문 페이지가 256P이라면 [(256 ÷ 16) × 200] ÷ 500 = 6.4연이 된다. 즉 국전지로 여분 종이가 6.4연 필요하다는 것을 알 수 있다(보통 6.4연이 나오면 반올림해서 7연을 입고하면 된다).

3. 본문이 컬러(4도) 인쇄의 경우 여분을 200장~250장을 준다.

◆계산법 : 대수 × 여분의 장수 = (   ) ÷ 500

46배판이고 본문 페이지가 256P이라면 [(256 ÷ 32) × 200] ÷ 500 = 3.2연이 된다. 즉 46전지로 여분 종이가 3.2연 필요하다는 것을 알 수 있다(보통 3.2연이 나오면 반올림해서 3.5연을 입고하면 된다).

또 다른 예를 들어 본다.

국배판이고 본문 페이지가 256P이라면 [(256 ÷ 16) × 250] ÷ 500 = 8연이 된다. 즉 국전지로 여분 종이가 8연 필요하다는 것을 알 수 있다.

본문 및 표지 종이의 여분을 충분히 주면 원하는 제작부수보다 좀 더 많은 책을 생산해 낼 수 있다. 필자의 경험으로 2,000부에서 3,000부 제작 시 여분 종이를 충분히 준 경우 많게는 100부에서 적게는 30부 이상의 책을 더 얻을 수 있었다.

표지 정미 및 여분 계산법

표지의 정미와 여분을 구하려면 먼저 **[책의 판형별 표지 절수]**를 알아야 한다.

[책의 판형별 표지 절수]는 이 책의 [디자이너가 꼭 알아야 할 도서 판형별 표지 절수(P168)]를 학습한 후 다음의 내용을 보면 이해가 더 잘된다.

판형에 따른 표지의 정미와 여분을 계산하는 방법은 본문 용지 계산보다 더 간단하다.

표지 종이 정미 계산법

표지 종이의 정미 계산법에 대한 기본적인 공식은 다음과 같다.

> ▶ **기본적인 공식**
> : [발행부수 ÷ 절수(3 또는 4 또는 6 또는 8)] ÷ 500 = 종이연수

예를 들어 46배판(표지에 날개가 있는 경우)을 3,000부 인쇄한다고 하면 [3,000 ÷ 3] ÷ 500 = 2연이 된다. 46배판의 경우 표지에 날개가 있는 경우 국전지에 3벌이 나오므로 국전지 2연이 정미가 된다.

또 다른 예로 신국판을 3,000부(표지에 날개가 있는 경우) 인쇄한다고 하면 [3,000 ÷ 6] ÷ 500 = 1연이 된다. 신국판의 경우 표지에 날개가 있는 경우 46전지 2절에 3벌이(46전지에는 6벌) 나오므로 46전지 1연이 정미가 된다.

예제01〉 46배판(표지 날개가 있는 경우, 표지는 국전지로 인쇄한다)
　　　/ 3,000부 제작의 경우
　　　: [3,000부 ÷ 3절] ÷ 500매 = 2연
　　　: [3,000 ÷ 3] ÷ 500 = 2R

예제02〉 신국판(표지 날개가 있는 경우, 표지는 46전지 2절로 인쇄한다)
　　　/ 3,000부 제작의 경우
　　　: [3,000부 ÷ 6절] ÷ 500매 = 1연
　　　: [3,000 ÷ 6] ÷ 500 = 1R

표지 종이 여분 계산법

표지 종이의 여분은 1,000부~3,000부까지는 국전지로 150매, 46전지로 100매 정도를 주면 된다. 46전지로 100매를 주면 46전지 2절로는 200매가 되므로 충분하다.

여기서 표지의 후가공이 하나씩 추가될수록 여분을 20매에서 50매 정도 더 주면 된다. 지극히 제작담당자의 감으로 이루어진다. 각 출판사마다 표지의 특성이 있으므로 제작 발주를 자주 하다 보면 그 감이 온다. 그리고 표지가 5도인 경우에는 50매 정도 여분으로 종이를 더 주면 좋다.

국전지로 150매, 46전지로 100매는 표지 인쇄 후 라미네이팅 작업까지의 종이의 손실분을 추정한 수치이다.

예를 들어 46배판(표지에 날개가 있는 경우)을 3,000부 인쇄한다고 하면 [3,000 ÷ 3] ÷ 500 = 2연이 된다. 여기에 여분으로 150매를 더 주면 [(3,000 ÷ 3) + 150] ÷ 500 = 2.3연이 된다. 즉 2연이 정미이고 0.3연이 여분 종이가 된다.

또 다른 예로 신국판을 3,000부(표지에 날개가 있는 경우) 인쇄한다고 하면 [3,000 ÷ 6] ÷ 500 = 1연이 된다. 여기에 여분으로 100매를 더 주면 [(3,000 ÷ 6) + 100] ÷ 500 = 1.2연이 된다. 즉 1연이 정미이고 0.2연이 여분 종이가 된다.

예제01〉 46배판(표지 날개가 있는 경우, 표지는 국전지로 인쇄한다)
  / 3,000부 제작의 경우
  : [(3,000부 ÷ 3절) + 여분 150장] ÷ 500매 = 2.3연
  : [(3,000 ÷ 3) + 150] ÷ 500 = 2.3R

예제02〉 신국판(표지 날개가 있는 경우, 표지는 46전지 2절로 인쇄한다)
  / 3,000부 제작의 경우
  : [(3,000부 ÷ 6절) + 여분 100장] ÷ 500매 = 1.2연
  : [(3,000 ÷ 6) + 100] ÷ 500 = 1.2R

4,000부 이상의 경우에는 인쇄, 제책, 라미네이팅에서 나올 파지까지 생각해서 200장 정도로 주면 된다. 그 이상의 경우에는 여분을 제작부수의 **5%**로 주면 된다.

이상의 내용들을 다시 정리하면 다음과 같은 공식이 나온다.

> ★ 표지 종이 계산법 : [(3,000부 ÷ 3절) + 여분 150장] ÷ 500 = ____연
>   (정미 + 여분)   [(3,000 ÷ 3) + 150] ÷ 500 = ____연

3

판형에 맞는
CTP 출력판 이야기

　46배판의 경우 46전지 또는 46전지 2절로 구분해서 출력을 하고 인쇄한다.
　인쇄소마다 다르겠지만 보통 본문이 1도(먹)와 2도(별색)인 경우는 46배판의 경우 46전지로 출력을 해서 인쇄한다. 본문이 4도(컬러)인 경우에는 46전지 2절로 출력 및 인쇄를 한다. 또는 46전지 2절로 출력을 해서 국전지용 인쇄 기계로도 인쇄를 한다. 만약, 본문이 1도이거나 2도인 46배판을 46전지 2절로 출력 및 인쇄를 한다면 지금부터라도 46전지로 출력 및 인쇄를 해보자. 요즘은 46전지로 인쇄를 하는 곳이 늘어나고 있다. 판비를 절약할 수 있다.
　본문이 2도라고 해도 까다로운 인쇄물인 경우에는 46전지로 인쇄하기가 힘들다. 이때에는 46전지 2절로 인쇄를 해야 한다. 그 판단은 종이를 입고하기 전 샘플 데이터를 인쇄소 담당자에게 보내 물어보는 것이 좋다.

　다음의 [제작사양서]를 가지고 46전지로 출력하는 경우의 판비와 46전지 2절로 출력하는 경우의 판비를 비교해 보았다. 결론부터 말하면 46전지로 출력하는 경우가 비용이 더 적게 나온다.

[제작사양서]
1. 판형 : 46배판(188mm×257mm)
2. 본문 페이지 : 320P
3. 본문 인쇄 도수 : 2도

〈CTP 출력 단가표〉　　　　　　　　　　　　　　　　단위 : 원

규격				비고
46전지	46전지 2절	국전지	대국전지	판 종류
13,000	8,000	9,000	9,000	

46전지로 출력하는 경우의 CTP 판비 비용 계산

(320P ÷ **32**) = 10대
10대 × **4(2도/2도)** × 13,000원
= 520,000원(VAT 별도)

〈설명〉

＊32로 나누는 이유 : 46전지 앞면이 16P이고 뒷면도 16P이므로
＊4(2도/2도)를 곱하는 이유 : 46전지 앞면이 2도이고 뒷면도 2도이므로

46전지 2절로 출력하는 경우의 CTP 판비 비용 계산

(320P ÷ **16**) = 20대
20대 × **4(2도/2도)** × 8,000원
= 640,000원(VAT 별도)

⟨설명⟩

＊16으로 나누는 이유 : 46전지 2절의 앞면이 8P이고 뒷면도 8P이므로

＊4(2도/2도)를 곱하는 이유 : 46전지 2절의 앞면이 2도이고 뒷면도 2도이므로

4

필름 출력 비용

필름 출력 비용에서 이것만은 꼭 알아두자.

필름으로 출력하는 작업은 다음과 같다. 표지에 에폭시나 박 등과 같은 후가공 작업이 있을 때 사용된다.

표지 작업의 특성상 어쩔 수 없는 제작 공정이다. 그러므로 필름 출력 단가도 알아두어야 한다.

필름 출력 비용은 크게 표지 필름 출력 비용과 본문 필름 출력 비용으로 나누어진다.

먼저 표지의 경우 46전지 2절일 때와 국전지일 때가 가장 많은데 보통 4도로 많이 출력하므로 46전지 2절일 때는 48,000원이고 국전지로 출력을 하면 64,000원이 된다(다음의 필름 출력단가표 참조).

본문의 경우를 보자. 예를 들어 신국판 본문(2도)을 국전지에 출력하게 되면 32,000원(국전지 2도 필름 출력단가)에 출력하는 대수를 곱하면 된다(국전지로 출력하는 경우에 1도의 경우 출력비가 16,000원이고 국전지 4도 출력비는 64,000원이 된다).

낱장으로 출력하였다고 하면 출력하는 전체 페이지에 2,400원

[출력단가표]   단위 : 원

판형 및 사이즈	1도	2도	4도
46판(127mm×188mm)	1,000	2,000	4,000
46배판(188mm×257mm)	1,500	3,000	6,000
신국판(153mm×225mm)	**1,200**	**2,400**	**4,800**
국배판(210mm×297mm)	2,000	4,000	8,000
46 8절(258mm×386mm)	3,000	6,000	12,000
46 4절(386mm×545mm)	6,000	12,000	24,000
46 2절(545mm×788mm)	**12,000**	**24,000**	**48,000**
국4절(297mm×440mm)	4,000	8,000	16,000
국2절(440mm×625mm)	8,000	16,000	32,000
국전지(636mm×939mm)	**16,000**	**32,000**	**64,000**

(신국판 2도 필름 출력단가)을 곱하면 된다. 참고만 하자.

가장 많이 사용되는 표지 후가공 필름에 대해서 알아보자.

먼저 신국판의 경우 표지에 날개가 있으면 46전지 2절에 3벌로 작업이 된다. 1도로 출력을 하면 된다. 출력단가표를 보면 12,000원이 된다.

46배판의 경우 표지에 날개가 있는 경우 국전지에 3벌로 작업이 된다. 1도로 출력을 하면 된다. 출력단가표를 보면 16,000원이 된다.

5

인쇄비는 어떻게 산출되는가?

인쇄비는 처음 인쇄소와 정한 인쇄단가표를 기준으로 그 금액을 산출할 수 있다.

다음과 같은 인쇄단가표를 만들어보자. 가장 일반적인 인쇄단가표이다.

[인쇄단가표] 단위 : 원

구분	기준	규격			비고
		46전지	국전지	대국전지	
소부비		10,000	10,000	10,000	도당 단가
표지 인쇄비	1R까지	10,000	10,000		연(R)당 단가
	2R	9,000	8,000		
	3R	8,000	7,000		
	4R	7,000	6,000		
	4R 이상	6,000	5,000		
띠지 인쇄비	1R까지	10,000	10,000		연(R)당 단가
	2R	9,000	8,000		
	3R	8,000	7,000		
	4R 이상	6,000	5,000		

본문 인쇄비	1,000부 미만	5,400	5,000	5,200	1) 대당, R당 단가 2) 1R 미만은 1R 적용 3) 수입지는 50% 추가 4) 별색은 2도 적용 5) 베다는 2도 적용
	2,000부	4,900	4,500	4,700	
	3,000부	4,600	**4,200**	4,400	
	5,000부	4,300	3,900	4,100	
	5,000부 이상	4,000	3,600	3,800	

　인쇄 단가는 보통 1도당 단가로 책정되며 표지와 띠지는 국전지, 46전지, 대국전지의 연수에 따라 차등 책정된다. 그리고 본문은 제작부수에 따라 차등 적용을 한다.

　표지와 띠지의 경우는 기본을 1R로 하고 1R 미만도 1R 단가를 적용시킨다.

　본문의 경우도 기본을 1,000부로 하고 1,000부 미만도 1,000부에 해당하는 기본 단가를 적용시킨다. 보통 1000부, 2000부, 3000부, 5000부로 차등적으로 도당 및 연(R)당으로 인쇄 단가가 책정된다.

　인쇄비를 청구할 경우 정미 용지에 대한 인쇄비만 청구된다. 즉 여분 종이에 대한 인쇄비는 청구되지 않는다.

　CTP 출력으로 인쇄판을 제작한 경우 인쇄소에서는 인쇄비만 청구한다. 예를 들어 다음과 같은 [제작사양서]가 있다고 하자.

> [제작사양서]
> - 판형 : 신국판(153mm×225mm)
> - 표지 날개 유무 : 유(有)
> - 표지 인쇄 도수 : 4도(4도/0도)
> - 본문 인쇄 도수 : 2도(2도/2도)
> - 본문 페이지 : 256P
> - 제작부수 : 3,000부

신국판(표지 날개 유, 본문 2도, 표지 4도)이고 256P인 책을 3,000부 제작한다고 하면 다음과 같이 인쇄비를 구할 수 있다.

> - 표지 : (3,000÷6)+100=500(정미)+100(여분)=**1연** 100매
> - 본문 : 1)정미 : (256÷32) × 3,000 = **48연**
>   2)여분 : (256÷32) × 150 = 2.4연

여기서 표지, 본문 정미만 가져오자.
표지 정미는 1연이고 본문 정미는 48연이다.
정미에 대한 부분만 인쇄비로 청구되고 여분 종이에 대한 인쇄비는 청구되지 않는다고 했다.

표지(4도/0도)는 46전지 2절에 인쇄를 하므로 1도당 10,000원의 단가를 적용해서
1(연)×4(도)×10,000원(도당 인쇄비)=40,000원이다.
즉 1 × 4 × 10,000 = 40,000원이다.
본문(2도/2도)은 국전지에 인쇄를 하고 3,000부 제작이므로 1도

당 4,200원의 단가를 적용한다.

48(연)×4(도 / 전면 2도, 후면 2도의 합이 4도여서 4를 곱한다)×4,200원=806,400원이다.

즉 48 × 4 × 4,200 = 806,400원이다.

다음과 같이 정리할 수 있다.

> • 표지(4도) 인쇄비 : **1 × 4 × 10,000** = 40,000원
> • 본문(2도) 인쇄비 : **48 × 4 × 4,200** = 806,400원
> = 846,400원(VAT 별도)

본문이 2도인 경우 전면 2도, 후면 2도로 인쇄를 하므로 4도가 되었다. 만약 본문이 1도라고 하면 전면 1도, 후면 1도로 인쇄를 하므로 2도가 되어 4가 들어갈 자리에 2가 들어가면 된다. 그리고 본문이 4도라고 하면 전면 4도, 후면 4도로 인쇄를 하므로 8도가 되어 4가 들어갈 자리에 8이 들어가면 된다. 꼭 알아두자.

6

판비와 인쇄비 절감 노하우

46배판(188mm×257mm)보다는 작고 신국판(153mm×225mm)보다는 큰 책의 사이즈가 크라운판(176mm×248mm)이다.

참고로 46배판을 제작하는 경우 본문 용지는 46전지(788mm×1,091mm)를 사용하고 신국판을 제작하는 경우 국전지(636mm×939mm)를 사용한다.

크라운판 변형(172mm×245mm) 제작의 경우에는 대국전지(720mm×1,020mm)를 사용하면 된다.

> 대국전지(720mm×1,020mm)로 제작을 하는 경우 크라운판 변형은 최대 172mm×245mm까지 제작이 가능하다.

보통 일반적으로 크라운판 변형으로 제작하는 책의 사이즈는 172mm×245mm 또는 172mm×230mm를 많이 제작한다.

여기서는 46배판(188mm×257mm)이 아닌 46배판 변형(188mm×245mm)과 크라운판 변형(173mm×230mm)의 [제작

사양서]를 가지고 판비와 인쇄비의 차이점에 대해서 알아보겠다.

[제작사양서]
- 판형 : 크라운판 변형(172mm×230mm) 또는
          46배판 변형(188mm×245mm)
- 표지 날개 유무 : 유(有)
- 표지 인쇄 도수 : 4도(4도/0도)
- 본문 인쇄 도수 : 8도(4도/4도)
- 본문 페이지 : 240P
- 제작부수 : 1,500부

 이상의 [제작사양서]를 가지고 다음과 같이 크라운판 변형(172mm×230mm)과 46배판 변형(188mm×245mm)의 판비와 인쇄비를 산출해 보았다.

▶**크라운판 변형(172mm×230mm)의 출력비와 인쇄비**
 : 1,352,000원(VAT 별도)
- 표지(4도) 판비 : 1 × 4 × 9,000 = 36,000원
- 표지(4도) 인쇄비 : 1 × 4 × 10,000 = 40,000원
- 본문(4도) 판비 : 15 × 4 × 9,000 = 540,000원
- 본문(4도) 인쇄비 : 23 × 8 × 4,000 = 736,000원

▶**46배판 변형(188mm×245mm)의 출력비와 인쇄비**
 : 1,947,600원(VAT 별도)
- 표지(4도) 판비 : 1 × 4 × 9,000 = 36,000원
- 표지(4도) 인쇄비 : 1 × 4 × 10,000 = 40,000원
- 본문(4도) 판비 : 30 × 4 × 9,000 = 1,080,400원
- 본문(4도) 인쇄비 : 23 × 8 × 4,300 = 791,200원

46배판 변형(188mm×245mm)에서 가로와 세로를 조금씩 줄여서 만든 크라운판 변형(172mm×230mm)의 판비와 인쇄비가 더 낮음을 알 수 있다.

인쇄비를 책정할 때 국전지로 인쇄할 때와 46전지로 인쇄할 때가 다르듯이 대국전지로 인쇄 시 도당 인쇄비가 차이난다(46전지로 인쇄할 때보다 대국전지로 인쇄 시 인쇄비가 더 저렴하다).

크라운판 변형으로 책을 제작할 경우 대국전지를 확보하지 못할 시 46전지 2절(788mm×545.5mm)로 인쇄를 하지 말고 46전지(788mm×1,020mm)를 대국전지(720mm×1,020mm) 사이즈로 재단해서 인쇄를 하면 인쇄판값과 도당 인쇄비가 절약된다.

지종에 따라 다르겠지만 대국전지가 자주 생산되지 않기 때문에 몇 주 전에 미리 사용할 용지를 확보해 두는 것이 좋다.

Power Tip 책의 판형별 크기

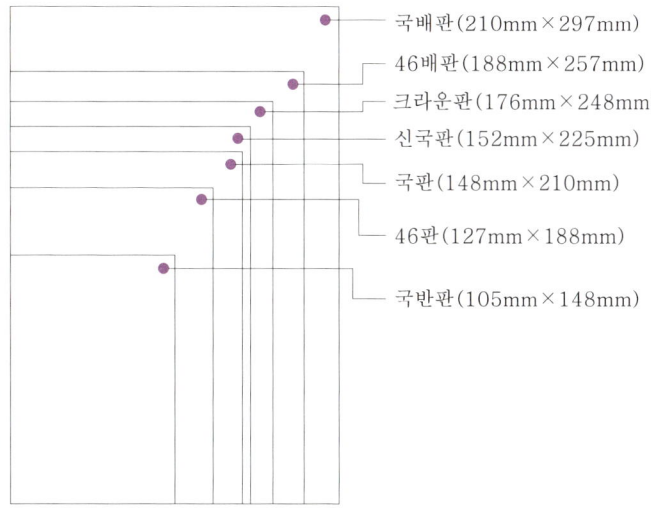

- 국배판(210mm×297mm)
- 46배판(188mm×257mm)
- 크라운판(176mm×248mm)
- 신국판(152mm×225mm)
- 국판(148mm×210mm)
- 46판(127mm×188mm)
- 국반판(105mm×148mm)

▲ 책의 판형별 크기

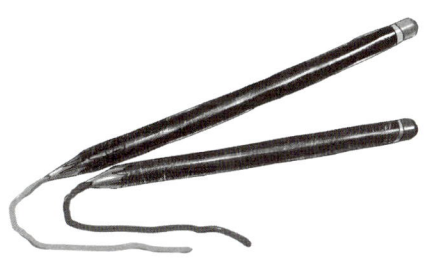

7

제작비 절감 노하우

가끔 이런 생각을 해본다.

성공보다는 실패할 것 같은 책을 만들 경우에 저비용으로 만들 수는 없을까?

모든 책이 다 잘될 것이라고 생각하면서 만들지만 간혹 실패할 것 같은 느낌의 책이 있다. 이런 경우는 처음 기획할 때의 주변상황과 책이 출간될 시점의 주변 상황들이 많이 달라졌을 때이다(출간을 안 하면 되지만 계약 관계로 인해 출간을 해야 하는 경우가 발생한다).

그 고민을 해결하는 여러 방법 중 하나가 제작 비용을 절감하는 방법이다.

책의 판형을 보기 싫지 않을 정도의 사이즈로 만드는 방법이다.

단행본의 책 판형으로 가장 많이 사용되는 신국판(152mm×225mm)과 국판(148mm×210mm)보다 작은 사이즈의 책 판형이 46판(127mm×188mm)이다.

46판(127mm×188mm)을 어떻게 만드는지 알아보자.

46판(127mm×188mm)의 제작

필자의 지인 중 E출판사의 L대표는 출판사 창업 초기에 신간을 모두 46판(127mm×188mm)으로 제작했다.

46판(127mm×188mm)은 신국판(152mm×225mm)보다는 작지만 제작 비용이 신국판보다 더 저렴하다.

46판은 46배판(188mm×257mm)의 절반 크기의 책으로 46배판 한 권을 만들 수 있는 비용으로 46판 책을 두 권 만들 수 있다는 단순한 제작 비용을 계산할 수 있다. 만약 이 책을 보는 독자분이 출판사를 창업하거나 출판사 직원이라면 46판의 제작을 권해드리고 싶다. 전략적으로 저비용으로 책을 만들 때 매우 좋은 방법이다.

46판 제작 시 주의해야 할 점은 본문 종이의 결을 횡목으로 사용해야 한다는 것이다.

제작 비용 절감에서 소개할 또 하나의 판형이 있다.

국배판 변형으로 책 사이즈가 205mm×260mm인 책을 만들 때 사용할 본문의 변규격 종이에 대한 이야기이다.

보통 일반적으로 제작하는 국배판(210mm×297mm)의 경우 본문의 종이 사이즈는 국전지(636mm×939mm)이다. 그런데 가로, 세로의 크기가 조금씩 작은 판형인 국배판 변형(205mm×260mm)을 만들 경우에는 변규격 종이인 880mm×625mm 사이즈를 사용하면 된다.

국배판 변형(205mm×260mm)의 제작

다음과 같은 [제작사양서]가 있다고 하자. 바로 국배판 변형(205mm×260mm)을 만드는 [제작사양서]이다. 이 판형은 중/고등학생들의 참고서나 어학교재 제작 시 많이 사용된다.

> [제작사양서]
> - 판형 : 국배판 변형(205mm×260mm)
> - 표지 날개 유무 : 유(有)
> - 표지 인쇄 도수 : 4도(4도/0도)
> - 본문 인쇄 도수 : 2도(2도/2도)
> - 본문 페이지 : 208P

국배판 변형(205mm×260mm)을 제작하는 경우 국배판(210mm×297mm)을 제작할 때 사용하는 본문 종이인 국전지(939mm×636mm)를 사용하지 않아도 된다.

국배판 변형(205mm×260mm) 제작 시 880mm×625mm를 사용할 수 있다고 했다. 그래서 종이 비용을 절감할 수 있는 것이다.

초판이 모두 나가고 재판을 제작해야 하는데 880mm×625mm 사이즈가 수급이 안될 경우에는 국전지(939mm×636mm)를 구입해서 880mm×625mm 사이즈로 잘라서 제작하면 된다.

국배판 변형이나 국배판 제작 시에도 본문 종이의 결을 횡목으로 사용해야 한다.

Power Tip 종이의 결에 대해서

종이의 결에는 종목과 횡목의 2종류가 있다.

제지 회사에서 펄프를 이용하여 종이를 생산할 때 최종적으로 생산되는 생산물은 롤 형태로 생산된다. 종이를 직사각형으로 재단하는 경우 짧은 변에 평행한 방향으로 결이 나 있는 것을 가로결(횡목)이라 하고 수직 방향으로 결이 나 있는 것을 세로결(종목)이라 한다.

책 제작 시 본문과 표지의 종이의 결방향을 잘못 선택하면 제책 후 책의 책등 안쪽 부분이 심하게 주글주글해진다. 간혹 표지의 경우는 괜찮을 수 있으나 본문의 경우는 정확한 종이의 결을 사용하지 않으면 치명적인 결과를 낳게 된다. 책이 자연스럽게 넘겨지지 않고 뻣뻣하게 일어나서 책을 읽으면서 다음 페이지로 넘길 때 불편함을 느끼게 된다.

표기된 치수로 구분하는 방법으로는 "636mm×939mm"는 종목이고 "939mm×636mm"는 횡목이 된다.

가장 손쉽게 구분하는 방법은 종이 구입 시 포장지에 붙어 있는 라벨을 확인하면 된다.

출판사에서 용지 발주 시 종이의 결을 정확히 표기해서 전달해야 한다. 지업사는 출판사에서 주문하는 종이(지종) 및 그에 맞는 종이의 결을 입고하기 때문에 1차적으로 출판사에서 정확하게 발주해야 한다. 간혹 인쇄소에서 인쇄 전 종이의 결이 잘못되었다고 연락을 주기도 하지만 그렇게 많은 경우는 아니다.

8

무선책의 권당 단가 산출 방법

제책 방법에 따라 무선제책, 중철제책, 양장제책, 반양장제책 등이 있다.

무선제책은 가장 많이 사용되는 제책의 방식으로 대수별로 접지를 해서 책등이 되는 면을 갈거나(일반 무선제책), 갈지 않고(아지노 무선제책 : 접지할 때 일반 무선제책보다는 조금 넓은 칼을 사용하여 접지한다) 그 부분에 접착제를 묻혀서 표지와 결합하는 방식을 말한다.

보통 무선제책의 표지는 200g~300g 정도의 두께를 가진 종이를 많이 사용한다. 거의 대부분 250g을 사용하고 있다. 무선제책은 모든 공정이 자동화되어 있어서 가장 널리 사용되고 있다.

무선책의 권당 단가를 산출하기 위해서 먼저 무선제책의 단가표 보는 방법부터 설명한다.

[무선제책 단가표]   단위 : 원

판형	페이지 공임 (페이지)	페이지당 단가	표지 날개	띠지	카바	접지	베라
국배판	P+24	1.5	50	60	70	30	20
46배판	P+24	1.3	50	60	70	30	20
신국판	P+24	0.9	50	60	70	30	20

이상과 같은 단가표가 있다고 하자.

지금부터 이 단가표를 보는 방법을 설명하고 이 자료를 바탕으로 무선책의 권당 단가를 산출하는 방법에 대해서 알아보겠다.

〈설명〉
1. 무선제책비의 경우 46판(127mm×188mm), 국반판(105mm×148mm)은 신국판(153mm×225mm) 단가와 동일하다.
2. P+24에서 P의 의미는 책의 본문 페이지를 말한다. 24의 의미는 면지를 앞뒤 각 2장씩 넣으므로 8P가 되고 날개 4P를 더하면 12P이며 그 2배가 24P이다.
3. 표지 날개, 띠지 작업은 일반적으로 무선작업 시 병행이 되므로 단가를 잘 확인한다.
4. 책표지 날개가 없는 경우 별도로 커버 작업을 하는 경우도 있다.
5. 접지는 브로마이드나 전단지를 접는 비용으로 접는 작업만으로도 비용이 발생하는데 이것을 본문에 삽입하는 작업이 있다면 추가로 비용이 청구된다.
6. 베라는 본문 안에 별도의 카드북이나 본문 용지와 다른 용지(두꺼운 용지)가 들어갈 경우의 페이지당 단가이다.
7. 그 외 면지에 CD 부착작업, 삽지 넣기, 스티커 붙이기, 비닐 커버 넣기 등의 부가적인 작업들이 있는데 그러한 작업이 있을 경우 단가에 추가된다.
8. 무선제책의 경우 부수가 적은 경우 기본 단가는 200,000원~250,000원 정도이다.

이상의 설명을 참고로 다음과 같이 무선책의 권당 단가를 산출해보자.

예를 들어 신국판 256P의 무선제책 단가는 [(256+24)×**0.9**]=252원이 된다. 표지 날개가 있다면 (252원+50원)이 되어 권당 302원이 된다. 만약 2,000부를 제작한다고 하면 (302원×2,000부)=604,000원(VAT 별도)이 된다.

다음의 [제작사양서]를 보고 무선책의 권당 단가를 산출해 보자.

[제작사양서]
- 판형 : 46배판(188mm×257mm)
- 표지 날개 유무 : 유(有)
- 본문 페이지 : 288P
- 면지 : 앞, 뒤 각 2장씩

무선책의 권당 단가

[(페이지+24)×46배판 단가]+날개 단가

[(288P+24)×**1.3원**]+50원=455.6원

[(288+24)×1.3]+50=455.6원

즉 권당 단가는 455.6원이다.

3,000부를 제작한다고 하면 455.6원×3,000부=1,366,800원(VAT별도)이 된다.

9

양장책의 권당 단가 산출 방법

 양장제책은 본문과 표지 작업이 별도로 이루어진다. 보통 표지가 되는 합지바리 작업은 양장제책사에서 이 작업만 하는 곳으로 외주 처리한다.

 규모가 있는 업체에서는 직접 작업하기도 하지만 거의 대부분 외주가 많다. 합지바리 작업은 속표지가 되는 표지를 적당한 합지(책의 판형과 페이지에 따라서 g수가 정해진다)에 붙이는 작업을 말한다.

 본문은 접지를 한 후 대수별로 실로 꿰매고 책등에 붙인다. 이때 각양장의 경우에는 직각 모양으로, 환양장의 경우에는 둥글게 합지바리 작업된 표지에 붙인다. 즉 각양장은 각 모양으로 합지바리 작업이 되며 환양장은 둥글게 합지바리 작업이 된다.

 참고로 예전에는 세양사 작업을 한 후 등지 작업을 하고 나서 가름끈(시오리), 헤드밴드 작업을 했으나 요즘은 가름끈(시오리)을 붙이고 나서 세양사, 등지, 헤드밴드 작업이 동시에 이루어진다.

 일반적으로 양장제책 비용은 무선제책 비용보다 3~5배 정도 비싸다고 보면 된다.

그 이유는 작업 공정에서의 시간 소모도 있지만 합지 비용과 그에 따른 부대공임비(헤드밴드, 가름끈, 등지 작업)가 비싸기 때문이다.

가격이 비싸도 양장제책 나름의 품위가 있기 때문에 양장제책을 필요로 하는 출판사에서는 많이 활용되고 있는 제책방법이다.

양장책의 권당 단가를 산출하기 위해서 먼저 양장제책의 단가표 보는 방법부터 설명한다.

[양장제책 단가표]　　　　　　　　　　　　　　　　　　　단위 : 원

판형	페이지 공임 (페이지)	페이지당 단가	부대 공임	합지 비용	합지 바리	카바 작업	포장비
국배판	P+16	1.9	500	400	250	70	20
46배판	P+16	1.7	480	350	230	70	20
신국판	P+16	1.5	450	270	200	70	20

이상과 같은 단가표가 있다고 하자.

지금부터 이 단가표를 보는 방법을 설명하고 이 자료를 바탕으로 양장책의 권당 단가를 산출하는 방법에 대해서 알아보겠다.

〈설명〉
1. P+16에서 P의 의미는 책의 본문 페이지를 말하고 16의 의미는 면지를 앞뒤 각 2장씩 넣으므로 8P가 되는데 그 8P의 2배를 말한다.
2. 부대공임 : 헤드밴드 부착, 세양사 작업, 가름끈(시오리) 부착, 등지 작업이 포함된다.

3. 합지의 g종류로는 900g, 1000g, 1200g, 1300g, 1400g, 1500g, 1800g, 2000g이 주로 많이 사용된다. 필자의 경험으로 신국판의 경우 1,400g~1,800g을 사용하고 46배판이나 국배판의 경우 1,800g 이상을 사용하여야 합지의 휨 현상을 막을 수 있었다.
4. 46판, 국반판은 신국판 단가와 동일하다고 보면 된다.
5. 그 외 작업이 있을 경우 단가를 먼저 알아보고 진행시킨다(예를 들어 CD부착, 카드 접지, 삽지물 삽입 등).
6. 포장의 경우 일반적으로 오비지에 10권~20권으로 작업을 한다. 양장의 경우 댐지를 위아래에 대고 밴딩하는 것보다는 오비지를 사용하여 포장하는 것이 책을 견고하게 말릴 수 있어서 도움된다.

이상의 설명을 참고로 다음과 같이 양장책의 권당 단가를 산출해 보자.

예를 들어 신국판 352P의 양장제책 단가는

{[(352+16)×**1.5**]+450+270+200+70+20}=1,562원이 된다.

만약 2,000부를 제작한다고 하면 (1,562원×2,000부)=3,124,000원(VAT 별도)이 된다.

다음의 [제작사양서]를 보고 양장책의 권당 단가를 산출해 보자.

[제작사양서]
- 판형 : 46배판(188mm×257mm)
- 표지 날개 유무 : 유(有)
- 본문 페이지 : 288P
- 면지 : 앞, 뒤 각 2장씩

양장책의 권당 단가

{[(페이지+16)×46배판 단가]+부대공임+합지비용+합지바리+카바작업+포장비}

{[(288P+16)×**1.7원**]+480원+350원+230원+70원+20원}=1,666.8원

{[(288+16)×1.7]+480+350+230+70+20}=1,666.8원

즉 권당 단가는 1,666.8원이다.

3,000부를 제작한다고 하면 (1,666.8원×3,000부)=5,000,400원(VAT 별도)이 된다.

참고로 무선제책과 양장제책의 중간이라고 할 수 있는 반양장제책에 대해서 알아보자.

반양장제책이란 무엇인가?

반양장제책은 무선제책으로 작업이 가능하나 책의 본문 용지가 아트지, 스노우화이트(SW)와 같은 류의 종이가 본문의 g수가 너무 두꺼워 책이 빠지는 위험이 있을 때 본문만 양장제책과 같이 사철로 꿰맨 후 표지를 무선제책으로 작업하는 것을 말한다. 그러므로 본문 작업까지는 양장제책이고 표지를 붙이는 작업부터 무선제책인 것이다.

▶합지의 g종류 화면

10

중철책의 권당 단가 산출 방법

　중철제책은 대수별로 접지를 한 후 표지를 대어서 펼쳐 놓고 한 가운데를 철심으로 박아서 제책하는 방식이다. 이때 본문은 2장 즉 최소 4페이지 이상이어야 하고 4의 배수가 되어야 한다.
　본문이 두껍지 않은 부록 도서나 샘플북, 홍보용 소책자 등에 주로 많이 사용되는 제책방식이다. 표지는 본문의 용지와 같거나 표지 라미네이팅이 있는 경우에는 보통 아트지 150g~200g 정도로 사용하는 것이 적당하다.

　양장제책이나 무선제책에 비하여 제책 비용이 비교적 저렴한 편이다.
　중철책의 권당 단가를 산출하기 위해서 먼저 중철제책의 단가표 보는 방법부터 설명한다.

[중철제책 단가표]　　　　　　　　　　　　　　　　　　　　단위 : 원

판형	대수(꼭지)
국배판	15
46배판	13
신국판	12

이상과 같은 단가표가 있다고 하자.

지금부터 이 단가표를 보는 방법을 설명하고 이 자료를 바탕으로 중철책의 권당 단가를 산출하는 방법에 대해서 알아보겠다.

〈설명〉
1. 중철제책의 단가는 대수(꼭지) 단가로 산출된다.
2. 본문을 두꺼운 종이로 사용하는 경우 8P가 한 대수가 될 수도 있다.
3. 46판과 국반판의 경우 신국판의 경우와 같이 대수 당 단가가 동일하다.
4. 부수에 관계없이 기본 단가는 150,000원~200,000원 정도이다.

중철제책에 있어서 제책 비용을 구하려고 할 때에는 대수를 구하는 방법이 중요한데 다음의 설명을 보자.

대수 구하는 방법

일반적으로 본문 용지로 80g을 사용할 경우 페이지에 16을 나누면 대수가 나온다. 예를 들어 46배판의 경우 본문 용지 정미를 계산할 경우 페이지에 나누기 32를 하여 원하는 부수를 곱한 후 나누기 500을 하지만 중철에서 대수를 계산하는 경우에는 무조건 16으로 나누면 되는 것이다.

무선제책과 다르게 중철제책은 페이지가 상대적으로 얇다. 그래서 대수를 단가에 적용한다.

예를 들어 1/2돈땡(같이걸이)이나 1/4돈땡(같이걸이)의 경우도 16페이지가 아닌 8페이지, 4페이지가 되어도 한 꼭지 개념(1대수)으로 단가가 산출되는 것이다.

페이지÷16

16을 나누는 이유는 본문의 접지를 16P로 하기 때문이다. 예를 들어 신국판이 A면 16P, B면 16P로 되어 있는데 인쇄는 이렇게 할지라도 제책 시에는 절반을 재단하여 A면 8P, B면 8P인 상태에서 접지가 이루어진다. 그래서 1대가 16P가 되는 것이다. 앞에서도 말했지만, 본문이 두꺼운 용지로 만들어지는 경우 8로 나누기도 한다.

다음의 [제작사양서]를 보고 중철책의 권당 단가를 산출해 보자.

> **[제작사양서]**
> - 판형 : 46배판(188mm×257mm)
> - 표지 날개 유무 : 무(無)
> - 본문 페이지 : 96P
> - 면지 : 무(無)

중철책의 권당 단가

[(페이지÷16)=6대]+표지 1대

[(96÷16)=6]이 된다. 여기서 표지를 1대로 본다. 그러므로 총 7대가 된다.

대수가 7인 경우

[대수×46배판 단가]

[7대×**13원**=91원]

[7×13=91원]

즉 권당 단가는 91원이다.

3,000부를 제작한다고 하면 (91원×3,000부)=273,000원(VAT 별도)이 된다.

Power Tip 출판사에서 사용하는 제작발주서 샘플

다음은 출판사에서 사용하는 제작발주서 샘플이다. 이것을 참고로 자신만의 제작발주서를 만들어보자.

제작발주서(신간)

도서명	내 출판사 창업 성공하기		북즐(BookZle) 활용 시리즈 08
판형	신국판(152mm×225mm)	발주일	20XX년 XX월 XX일
판쇄(발행일)	초판 1쇄(20XX년 XX월 XX일)	제작 부수	1,200부
본문 쪽수	256쪽(2도/4도)	제본/후가공	무선 / 가죽무늬 라미네이팅
<전달사항>	· 출판사 담당자 : 이시우(010-XXXX-XXXX)		

◆ ○○○○(표지,본문,면지) : 031-000-0000

항목		종류	색상	무게	규격	정미	여분	주문량(합계)
종이	표지	아르떼 내추럴화이트	백색	210g	46전지 횡목	200매	100매	300매
	본문2도	백상지	백색	100g	국전지 종목	16.8연	2.1연	19연
	본문4도	백상지	백색	100g	국전지 종목	2.4연	0.5연	3연
	면지	매직칼라	연보라색	110g	46전지 종목	240매	60매	300매
<전달사항>		1. 표지, 본문 용지 입고처 : ○○○○(031-000-0000) 　　　　　　　　　　- 경기도 파주시 ------------------ 2. 면지 입고처 : ○○○○(031-000-0000)						

◆ ○○○○(CTP) : 031-000-0000　　◆ ○○○○(인쇄) : 031-000-0000

구분		도수	절수	<작업내용>	<특이사항>
인쇄	표지	4도	3절	날개 유	46전지 2절에 3벌
	본문	2도/4도	16절	DIC : 579s	1. 2도: 1P~224P / 4도: 225P~256P 2. 인쇄 후 가제본 우편 발송해 주세요
	띠지	없음	없음		
<전달 사항>		1. 인쇄소 : 가제본 부탁드려요~~~ 2.			

◆ ○○○○○(가죽무늬) _ 031-123-4567

구분		절수	<작업내용>	<특이사항>
후가공	표지	46전지 2절에 3벌	가죽무늬 엠보 라미네이팅	가죽무늬 엠보 라미네이팅
	띠지	없음		

◆ ○○○○○ : 031-123-4567

제본	제본 방식	무선(본문2도 +본문4도)	부탁 말씀	1. 면지는 앞, 뒤 각 2장씩입니다. 2. 입고처 : ○○○○물류 : [(031)123-4567] 　　　　- 경기도 파주시 ○○면 ○○리 123-45.
	표지 날개	유		

11

표지 라미네이팅의 방법과
단가 확인하는 방법

일반적으로 출판제작에 많이 적용되는 표지의 후가공 방법인 라미네이팅, 코팅, 스크린(실크) 인쇄, 엠보 라미네이팅 작업에 대하여 알아보고 그 단가를 보는 방법에 대해서 설명한다.

라미네이팅과 코팅의 차이점

코팅은 크게 표지면에 전체적으로 비닐을 씌우는 방법인 라미네이팅(Laminating)과 코팅액을 바르는 코팅(Coating)이 있다.

라미네이팅(Laminating)은 접착액을 발라서 비닐 필름을 종이에 씌우는 것이므로 내습성(습기에 견디어 내는 성질)과 내절성(종이를 접었다 펴는 동작을 반복해도 찢어지지 않는 성질)이 좋다. 라미네이팅은 접착제 여부에 따라 건식과 습식으로 나뉘며 광택에 따라서 유광(有光)과 무광(無光)으로 나뉜다.

①건식 라미네이팅

가열된 롤러에 의해서 라미네이팅 하는 방식으로 장점으로는 '바가지 현상(말리는 현상)'을 방지하고 라미네이팅 속도가 빠르다.

단점으로는 롤러압 차이로 기포가 발생한다. 특히 표지가 검정색이고 무광(無光)으로 작업을 하는 경우 잘 나타난다.

②습식 라미네이팅

일종의 수증기로 라미네이팅 하는 방식으로 장점으로는 종이와 코팅 용지와의 밀착도가 높아서 색이 곱고 선명하다. 단점으로는 건조 후 표지의 '바가지 현상(말리는 현상)'이 발생할 수 있다.

③유광 라미네이팅

표지의 표면에 광택이 나는 유광(有光) 비닐을 입히는 방법으로 광택성이 뛰어나고 내습성도 좋다.

④무광 라미네이팅

표지의 표면에 광택이 없는 무광(無光) 비닐을 입히는 방법으로 고급스러운 표현을 하고 싶을 때 주로 사용한다. 유광 라미네이팅과 마찬가지로 내습성이 좋다.

코팅

코팅(Coating)은 표지 표면에 액상의 코팅액을 발라서 건조시켜 광을 내는 방법으로 가격은 라미네이팅보다 저렴하나 내습성(습기에 견디어 내는 성질)은 좋은데 내질성(종이를 접었다 펴는 동작을 반복해도 찢어지지 않는 성질)이 안좋다. 즉 꺽이는 부분의 깨짐이 크다. 코팅에는 대표적으로 UV 코팅이 있다.

UV(Ultra Violet-자외선 차단) 코팅은 표지의 표면에 화학약품 처리를 하여 광택을 나게 하는 방법으로 인쇄물의 색상 변화를 방지한다. 특히 표지에 인물 사진이나 그림이 있는 경우 그 부분에 UV 코팅을 많이 사용한다.

엠보 라미네이팅

엠보 라미네이팅은 일반적인 라미네이팅(유광, 무광)이 아닌 모래무늬, 격자무늬, 매직무늬, 오로라무늬, 가죽무늬 등의 라미네이팅 효과를 줄 수 있다. 엠보 라미네이팅은 엠보 라미네이팅 전문업체에서만 작업이 가능하다. 필자의 경우 가죽무늬를 자주 사용한다. 엠보 라미네이팅으로 작업한 표지의 경우 신간 출고 후 반품이 되어도 표지 스크래치가 심하지 않아서 좋다.

스크린(실크) 인쇄

스크린(실크) 인쇄는 실크 망사가 붙은 알루미늄 틀에 화선부(인쇄용 판면에서 인쇄 잉크가 묻는 부분)를 구성하여 망사 구멍으로 잉크를 통과시켜 인쇄하는 공판 인쇄방식을 말한다.

나일론, 스틸 등을 망사로 사용하기 때문에 스크린 인쇄라고 한다. 판면이 유연하여 평면뿐만 아니라 곡면에도 인쇄가 가능하다. 잉크층이 두꺼워 색상이 밝고 피복력(다른 물질에 잘 발라지거나 퍼지는 힘)이 강하여 벗겨지지 않는다. 유성, 수성, 합성수지 등 소재에 따른 잉크 선택도 자유롭다.

일반적으로 말하는 에폭시는 스크린 인쇄의 두께용 잉크의 한 종류로 두께용 투명 잉크를 말한다. 즉 스크린 인쇄에 사용되는 수많은 잉크의 한 종류이다. 에폭시는 표지 가공 시 유광 라미네이팅이나 무광 라미네이팅 작업 후 특정 부분(제목이나 강조할 부분)에 이 작업을 하면 효과적이다. 보통 무광 라미네이팅 작업 후 에폭시 작업을 많이 한다.

후가공 단가표 보는 법

표지 인쇄 후 가장 기본적인 작업인 표지 라미네이팅 작업의 제작단가표와 동시에 이루어지는 부분 UV 또는 에폭시 작업의 제작단가표를 보는 방법에 대하여 알아보겠다.

[후가공 제작단가표]　　　　　　　　　　　　　　　　단위 : 원

구분	규격	단위	유광		무광		비고
			건식	습식	건식	습식	
라미네이팅	국전지	500장	55,000	55,000	60,000	60,000	
	국반절	1,000장	55,000	55,000	60,000	60,000	
	46전 2절	1,000장	65,000	65,000	70,000	70,000	
UV 코팅	국전지	500장	60,000		65,000		
	46전 2절	1,000장	65,000		70,000		
에폭시	국전지	500장	150,000				
	국반절	1,000장	180,000				
	46전 2절	1,000장	200,000				
엠보라미네이팅	국전지	500장	100,000				
	46전 2절	1,000장	120,000				

라미네이팅은 유광, 무광의 건식과 습식으로 나뉜다. 작업하는 용지의 크기와 수량에 따라 단가를 적용시키면 된다. 보통 46전지

2절이나 국전지로 작업을 많이 하므로 그 부분의 단가에 조금 더 신경을 쓸 필요가 있다.

작업비의 경우 1.0R(국전지 500장이고 46전지 2절은 1,000장) 미만도 1.0R의 작업 비용이 청구된다. 즉 0.3R이나 0.7R도 1.0R 비용으로 청구된다.

예제를 통해 표지 라미네이팅 비용에 대해서 알아보자.
다음과 같은 [제작사양서]가 있다고 하자.

> [제작사양서]
> ■ 판형 : 신국판(153mm×225mm)
> ■ 표지 날개 유무 : 유(有)
> ■ 표지 후가공 : 유광(有光)
> ■ 표지 인쇄 도수 : 4도(4도/0도)
> ■ 제작부수 : 3,000부

신국판(표지 날개 有, 표지 4도)을 3,000부 제작한다고 하면 다음과 같이 표지 종이를 구할 수 있다. 신국판이므로 표지는 46전지 2절로 인쇄를 한다. 그러므로 종이도 46전지 2절을 입고해야 한다.

> • 표지 : (3,000÷6)+100=500(정미)+100(여분)=**1연** 100매

여기서 표지 정미는 1연만 가져오자. 인쇄 비용과 마찬가지로 라미네이팅 비용도 정미분에 대해서만 청구를 한다. 즉 1R에 대한 라미네이팅 비용만 청구를 한다.

표지 라미네이팅 비용

표지의 정미 × 46전 2절의 유광 단가

1R × 65,000원

1 × 65,000원 = 65,000원(VAT 별도)이 된다.

▲라미네이팅 작업화면

▲엠보 라미네이팅 작업화면

▲에폭시 작업화면

에피소드 2 우연한 기회에 시작한 출판제작

필자는 2001년 9월 출판사에 입사를 했다.

필자가 처음으로 출판제작을 했던 해가 2002년이다. 2002년 5월과 6월, 두 달간 필자의 선임자에게 업무 인수를 받으면서 출판제작을 배웠다. 그분이 퇴사를 하고 2002년 7월부터 필자가 직접 출판제작을 했다. 처음 배운 업무여서 여간 어려운 것이 아니었다.

필자가 가장 먼저 한 일은 선임자에게 배운 내용을 정리하는 것이었다. 그리고 제작 업무를 하면서 새롭게 발생하는 일들을 기존 자료에 추가시켰다. 그렇게 꼬박 2년을 했다.

2년 동안 제작업체 방문을 많이 했다. 인쇄소, 제책소를 가장 많이 방문했다. 담당자 분들과 점심도 같이 먹으면서 인간적으로 친해지려고 했다. 그러는 동안 현장의 분위기와 그분들의 고충을 알게 되었다. 출판사 근무시절 중 가장 많은 것을 배운 시기였다.

제작 업무 3년째에 접어들면서 외근보다는 사무실에서 전화로 업무 진행을 봤다. 2년간의 현장 경험이 많은 도움이 되었다. 그래도 직접 나가서 챙겨야 할 때는 현장으로 나갔다.

그때 배운 출판제작 지식을 직원들에게 교육할 일이 생겼다. 파워포인트로 〈출판제작의 모든 것〉이라는 제목으로 23페이지짜리 프레젠테이션 문서를 만들었다. 그 내용으로 회사 내에서 직원들을 대상으로 처음 강의를 했다. 그때가 2010년이었다.

출판사 창업 후 그 내용으로 홍대에서 카페를 빌려 강의를 했다. 반응이 전혀 없지는 않았다. 필자가 빌린 카페는 최대 20석의 좌석만 있었다. 그 카페에서 3개월 정도 하다가 70석 규모의 구민회관에서도 해보고 100석 규모의 소극장에서도 했다. 그 무렵 프레젠테이션 문서는 강의 경험과 노하우가 더해져 150페이지에 다달았다. 그러던 중 필자의 강의를 들으러 온 당시 오마이뉴스 교육부장을 만났다. 강의 내용들을 발전시켜 오마이뉴스의 자회사였던 오마이스쿨에서 온라인 강좌를 만들어 보자는 제안을 받았다.

2012년 여름 열심히 촬영을 했다. 강남의 모 미용실에서 헤어관리도 받아보고 스냅 사진촬영을 위해 메이크업도 해보았다. 오마이스쿨에서 2012년 9월 오픈한 온라인 강좌는 현재 〈출판제작의 노하우〉와 〈1인 출판사 창업과 마케팅〉으로 만날 수 있다.

온라인 강의 후 오프라인 강의가 여러 곳에서 들어왔다. 현재는 출판기획, 출판편집, 출판제작, 출판사 창업과 경영 등의 주제로 강의를 하고 있다. 지금 프레젠테이션 자료는 약 370장 정도이다.

2015년 2학기부터 글로벌사이버대학교에서 〈출판 창업과 출판제작〉이라는 명칭으로 강의를 시작했다. 2016년 1학기에는 〈1인출판 경영실무〉라는 명칭으로 온라인 강의를 하고 있다. 주변에서 도움을 주신 모든 분들 덕분이다.

우연한 기회에 출판사에 입사를 하게 되고 총무과장 시절 제작담당자의 갑작스러운 퇴사로 출판제작 업무를 배우게 되었다. 그런 일련의 일들이 지금 내 삶을 모두 변화시킨 것 같다.

▲〈출판제작의 노하우〉 온라인 강좌 화면

▲〈1인 출판사 창업과 마케팅〉 온라인 강좌 화면

제3장

출판마케팅 활용노트

출판마케팅 일을 해 본 출판인들이 출판사를 창업하는 경우 성공적으로 출판사를 경영하는 모습을 많이 본다. 그것은 당연한 결과일지도 모르겠다. 아무리 잘 만들면 뭐하나 잘 팔아야 살아남지 않겠는가?
무조건 팔아야 살아남는다. 살아남아야 다음 책을 만들고 나아가 양서(良書)도 만들 수 있는 것이다.
처음은 누군가에게 도움을 받더라도 시간이 지나면서 자신만의 출판마케팅 방법을 만들자. 모두가 하는 방법이 다 옳은 방법은 아니다. 분명 나에게 맞는 출판마케팅 방법이 있을 것이다.

북즐(BookZle) 활용 시리즈 10
출판 고수 정리노트

1

돈이 드는 광고를 할 것인가, 돈이 안 드는 광고를 할 것인가?

출판사에서 신간이 나오면 가장 먼저 하는 것이 신간 마케팅 계획이다. 마케팅에는 크게 다음의 2가지로 나눌 수 있다. 돈이 드는 광고와 돈이 안드는 광고가 그것이다.

돈이 드는 광고

필자가 아는 서점 POP 광고업체가 있다. 한 달간 광고 비용이 1종에 200만 원 정도였다. 2종 이상을 동시에 진행하면 할인도 해주었다.

분야별로 1종만 광고를 해준다며 분야별 선점 효과를 강조했다. 예를 들어 경제/경영 분야 매대에 1종의 광고 POP만 노출시켰다 (POP 광고지 : 가로 50cm×세로 25cm 정도의 책광고가 인쇄된 광고물).

오프라인 서점에서는 출판사에 매대(서점에서 책을 놓고 판매하는 자리)를 한 달 단위로 판매를 한다. 보통 신간이 나오면 해당 매대를 확보한 후 지불공제(출판사가 결제로 받을 책판매 비용에서 차감을 하고 결제를 받는 방식)로 결제를 한다. 매대를 확보하면 책판매를 촉진

하는 역할을 하는 것은 사실이다. 서가에 꽂혀있는 책보다 노출이 더 잘되기 때문이다.

온라인 서점에서 돈이 드는 광고는 온라인 배너 광고이다. 메인에 노출할 것인지 서브 메인에 노출할 것인지에 따라 광고 비용에 차이가 난다.

규모가 작은 출판사 입장에서는 그 비용이 부담된다는 것이다. 출판사에 마케팅 비용이 충분하다면 한번 해 볼 만한 신간 홍보 방법이다.

신간 마케팅 비용에서 그나마 저렴한 비용으로 할 수 있는 마케팅(책 홍보에 더 가깝다)은 언론사 릴리즈를 하는 것이다.

언론사 릴리즈는 해당업체에 책을 전달하면 언론사 담당기자들에게 책을 전달하는 것을 말한다. 일종의 책 전달을 대행업체에서 해주는 것이다.

언론사 릴리즈를 해주는 업체로는 여산통신(http://www.ypress.co.kr)과 북피알미디어(http://www.bookprmedia.com)가 있는데 보통 신간도서를 30부에서 50부 정도 선에서 언론사 릴리즈를 한다. 이때 책과 함께 봉투, 신간 보도 자료를 준비해서 함께 전달해야 한다.

돈이 안 드는 광고

필자의 경우에는 돈이 드는 광고보다는 돈이 안 드는 광고를 더 열심히 한다. 요즘 같이 스마트폰이 대중화가 된 시대에는 보다 쉽게 책의 홍보가 가능해졌다.

　돈이 안 드는 광고를 할 수 있는 매체로는 페이스북, 트위터, 카페, 블로그, 카카오스토리, 인스타그램 등이 있다.

　이런 일이 있었다.

　어느 날 도매담당자로부터 연락이 왔다. 〈출판마케팅 실전전략서〉라는 책을 내일 아침 일찍 30부 정도 입고해 줄 수 있냐고 말이다. 당연히 가능하다고 말했다. 어디서 이 책을 찾느냐고 물어보지 못하고 전화를 끊었다. 필자는 바로 〈출판마케팅 실전전략서〉를 쓴 작가에게 전화를 해서 이 사실을 알려주었다.

　작가는 마케터 출신의 출판사 대표인데 잠시 후 필자에게 전화를 해서 다음과 같이 이야기를 해주었다.

　페이스북에 올려둔 〈출판마케팅 실전전략서〉 광고를 본 모출판사 대표가 직원들에게 읽어 보라고 주문을 했다는 것이다.

　그 후로 신간이 나오면 필자가 관리하는 모든 홍보 채널에 더 열심히 책 광고를 올린다. 효과가 분명 있다.

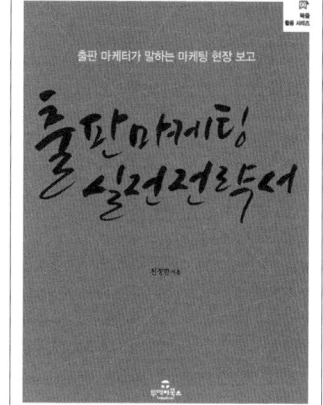

▶〈출판마케팅 실전전략서〉 표지화면

2

무료 홍보 채널의
적극 활용법

앞에서 이야기했듯이 필자는 신간이 나오면 무료 홍보 채널을 총동원해서 온라인 홍보를 한다. 하루에 다 못하면 이틀, 삼일에 나누어서 진행한다.

제일 먼저 올리는 곳이 페이스북(Facebook)이다.

요즘은 파워포인트를 이용해서 광고 문구를 추가시켜서 만든다. 보통 파워포인트의 슬라이드 화면으로 6장~7장 정도 만든다. 그런 다음 각각의 슬라이드를 캡쳐해서 이미지 파일로 만들어 사용한다.

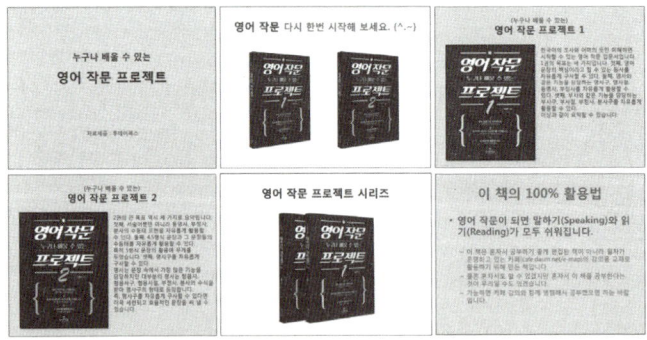

▲파워포인트로 만든 홍보 화면

다음으로는 다음(Daum) 카페와 다음(Daum) 블로그에 올린다.

▲다음(Daum) 카페 화면

▲다음(Daum) 블로그 화면

다음은 네이버(Naver) 블로그와 트위터(Twitter)에 올린다.

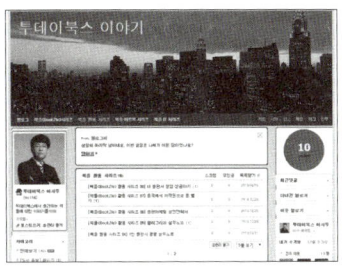
▲네이버(Naver) 블로그 화면   ▲트위터(Twitter) 화면

다음은 인스타그램(Instagram)과 카카오스토리(Kakaostory)에 올린다.

▲인스타그램(Instagram) 화면

▲카카오스토리(Kakaostory) 화면

어떻게 하든지 팔아야 산다. 자신이 올리는 광고성 글을 싫어하는 온라인 친구가 생길 수도 있다. 하지만 우리는 다양한 무료 홍보 채널을 그대로 둘 수는 없다. 길에 나가서 불특정 다수를 상대로 홍보하는 것보다 온라인에서 홍보하는 것이 더 효과적이고 쉽다.

페이스북의 힘

누구나 가지고 있는 스마트폰을 중심으로 가장 영향력을 발휘하는 SNS가 페이스북이다.

신문 기사, 방송 내용, 영화 광고, 포털 기사 등을 모두 페이스북에서 볼 수 있다. 지금은 각각의 매체로 접속해서 정보를 얻는 것보다 페이스북을 통해서 정보를 얻는 빈도가 더 많다. 즉 스마트폰이나 PC, 아이패드 등의 장비를 이용한 페이스북 접속으로 정보를 얻고 있다.

요즘은 페이스북으로 들어가 그곳에서 다른 길로 이동하는 세상에서 살고 있다고 해도 과언이 아니다.

지금 이 시점에서 우리는 무엇을 해야 하는가?

페이스북에서 자신만이 관리할 수 있는 그룹을 만들어야 한다. 일종의 플랫폼 같은 역할을 하는 매개체이다. 만들었다면 열정적으로 홍보를 해서 많은 사람들에게 알려야 한다.

다음은 필자가 페이스북에 만든 그룹들이다.

하나는 캘리그라피에 관심이 있는 사람들을 위한 [캘리그라피(Calligraphy) 이야기]이고 하나는 새책 소식에 대한 정보를 주는

[새책 소식]이라는 그룹이다.

▲페이스북의 [캘리그라피(Calligraphy) 이야기] 그룹 화면

▲페이스북의 [새책 소식] 이야기 그룹 화면

해시태그의 활용

해시태그는 # 뒤에 오는 특정 단어를 통해 자신의 콘텐츠를 구분하고 표현하는 키워드의 한 종류이다. 페이스북, 인스타그램, 카카오스토리 등에 사용되며 빠른 속도로 전파된다.

> ■ 사용하는 방법 : #영어문법, #영어작문, #출판제작, #출판편집, #출판기획, #캘리그라피, #디자인, #투데이북스, #출판인

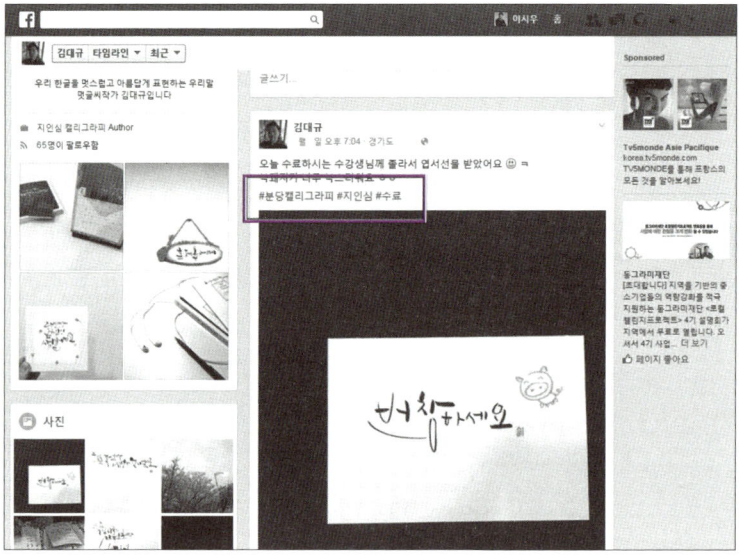

▲페이스북에서 해시태그를 사용한 예

Power Tip 카페, 블로그 운영 시 알아두어야 하는 저작권

1. 이미지(Image) 저작권

- 이미지 자료도 엄연한 콘텐츠의 일부분이다.
- 출처를 명시하지 않거나 원저작자의 동의 없이 사용하면 안된다.
- 개인의 사진이나 연예인 사진 등은 초상권 문제가 발행한다.
- 자신이 직접 촬영한 이미지 자료를 사용하는 것이 가장 좋다.
- 자신이 직접 촬영한 이미지의 경우 자신의 이니셜을 이미지에 넣어 두면 좋다.
- 인터넷에서 구한 이미지 자료의 사진을 사용하는 경우 신중해야 한다.

2. 폰트(Font) 저작권

- 컴퓨터에 사용되는 폰트도 하나의 프로그램 창작물로 저작권의 보호를 받는다.
- 저작권이 있는 폰트를 복제, 배포, 재편집하는 경우 [2차적 저작물 작성권]과 동일성 유지권 침해로 문제될 수 있다.
- 네이버에서 제공하는 나눔글꼴이나 서울시에서 제공하는 서울남산체, 서울한강체 등의 비상업적인 용도에 사용 가능한 폰트가 있다.
- [우아한형제들]에서 개발한 글꼴(배달의민족 무료 글꼴)들은 상업적으로도 무료로 사용할 수 있다.
- 폰트와 폰트 파일의 차이점 : 폰트(Font)란 글자의 모양을 의미한다. '글꼴', '글자체', '타이프페이스(typeface)' 등으로 다양하게 표현된다. 그런데 폰트와 폰트 파일은 구별되어야 한다. 글자의 모양인 '폰트 도안'은 저작권법상 보호 대상이 아니다. PC의 'fonts' 폴더에 '***.ttf'로 저장되는 개별 '폰트 파일'만이 저작권법상 보호 대상이다.

3. 저작권이 침해되는 경우

- 카페나 블로그에 올리는 자료들이 영리 목적이 아니라고 해도 다른 웹사이트의 이미지나 텍스트를 사용할 경우 해당 저작권자에게 허락을 구해야 한다. 저작권자에게 허락을 받지 않고 출처만 표시한다면 저작권 침해에 걸릴 수 있다.
- 드라마나 예능 프로그램 등 화면을 캡쳐해서 사용하는 경우, 흥미 유발이 아닌 이슈성 콘텐츠로 활용하기 위해 재편집, 풍자, 패러디를 한다면 문제가 될 수 있다.
- 자동차 시승기, 제품 후기를 위하여 제품을 촬영해서 카페나 블로그에 올리는 것은 저작권법에 저촉되지 않는다. 단, 책의 표지나 일러스트, 캐릭터 등이 삽입된 부분이 미술저작물로 보호될 경우에는 이를 촬영하거나 카페나 블로그에 올리게 되면 저작권 침해가 될 수 있다.
- 복제 방지나 저작권자 표시가 없는 자료라 할지라도 저작권 보호를 받지 못하는 것은 아니다. 인터넷에서 쉽게 구할 수 있는 자료라고 함부로 사용하면 추후 저작권 침해 문제가 발생될 수도 있다.
- 카페나 블로그에 다른 웹사이트 주소를 링크한 경우는 저작권 침해에 해당되지 않는다.

참고로 상업적 사용이 자유로운 무료 사이트들이다.

- Unsplash(https://unsplash.com)
- Pixabay(https://pixabay.com)

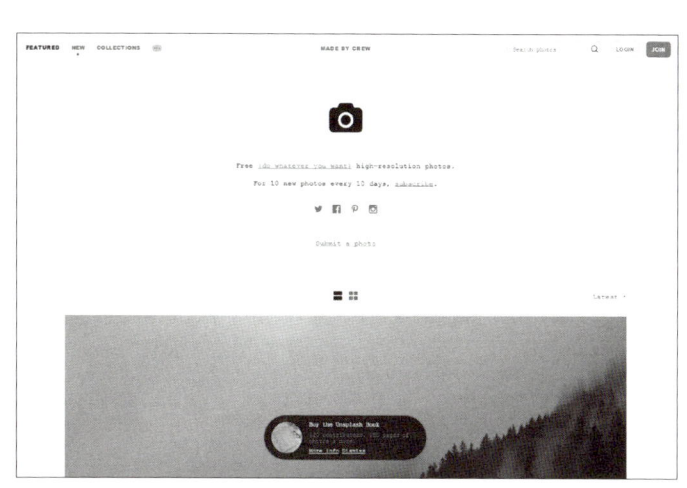

▲Unsplash 홈페이지 화면

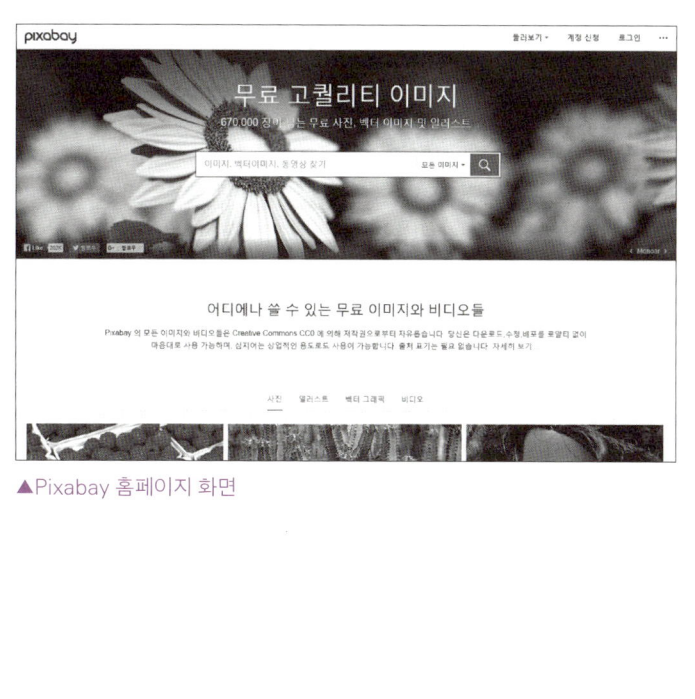

▲Pixabay 홈페이지 화면

3

출판마케팅의 미래

출판마케팅의 미래는 곧 출판의 미래라는 생각이 든다. 책이 팔리지 않고는 새로운 책을 다시 생산한다는 것은 생각하기 어렵다. 책이 잘 팔리는 시대는 점점 위축되고 있다. 이 시점에 우리들은 무엇을 연구하고 무엇을 개척해 나가야 할 것인지 필자의 주관적인 생각으로 말씀을 드린다.

대한민국 출판시장은 해가 바뀔 때마다 최대의 불황이라고 한다. 재작년보다는 작년이 그랬고 작년보다는 올해가 더 책이 안 팔린다는 말이다.

독서 인구는 갈수록 줄고 있다고 한다. 그래도 책을 읽는 사람은 아직도 많다. 출판 불황의 시대 우리는 어떻게 책을 판매할 것이며 미래를 준비할 것인지 알아보자.

소량 다품종 제작의 시대

요즘 출판사들은 확신이 없는 책의 경우에 최소의 부수로 신간을 제작한다. 그리고 최소의 부수로 신간을 배본한다. 그 최소 부수의 기준이 1,000부이다. 모든 제작비의 기본이 1,000부를 기준으로 되어 있다. 특히 제책 비용, 인쇄 비용, 후가공 비용은 500부나 1,000부나 제작 비용이 같거나 거의 동일하다.

　책이 잘 팔리던 시절 재판의 경우 책의 판매 주기가 1년에 500부인 경우 절판을 했었다. 이제 그 시대는 지나갔다. 지금은 1년에 500부라도 팔리는 책은 유지를 해야 한다.

　재판 500부 제작의 경우 종이를 제외한 다른 제작비를 1,000부 가격으로 준다고 해도 일반적인 방법으로 제작을 하면 된다.

　문제는 500부 미만의 제작이다. 특히 300부 제작, 200부 제작의 경우에는 고민이 많이 된다. 이 책을 절판을 해야 할지 재판을 제작해야 할지 말이다.

이때에는 POD 시스템을 활용해 보자.

　POD(Publishing On Demand)는 기존의 인쇄방식인 옵셋 인쇄의 한계를 극복한 시스템이다. 즉 소량 다품종 출판 및 인쇄물을 디지털 장비를 통하여 언제라도 필요한 물량을 즉시 인쇄하여 처리할 수 있는 주문형 인쇄 시스템 방식이다. 이러한 POD 출판은 개인의 시집이나 산문집, 육아일기, 여행문 등과 기업의 제안서, 교육 매뉴얼, 사원 교육교재 등에 다양하게 활용되고 있다.

　P출판사의 경우 모든 책들을 주문이 들어오면 제작하는 방식으로 진행을 하고 있다. 예를 들어 잘 팔리는 책의 경우 재고를 소량 가지고 있고 나머지는 서점에서 주문이 들어오면 제작을 해서

보내주는 시스템을 사용하고 있다. 주로 대학교재나 전문서적을 POD 출판으로 제작하고 있다. 소량 다품종의 출판 정책을 가장 잘 실현하고 있는 곳이다. 이 출판사의 경우 재고가 거의 없으므로 물류 비용을 낮출 수 있고 과도한 제작으로 인해 현금이 묶이는 것을 방지하고 있다.

전문출판의 시대

누구나 볼 수 있는 책은 아무도 안 볼 수 있다고 했다. 하지만 특정인들만 보는 책은 그 시장에서 자리를 잡는다면 꾸준히 팔릴 수 있다. 운전면허시험 문제집, 수학의 정석, 각종 자격증 책자와 시험 문제집, 대학교재, 참고서 등이다.

타깃이 확실한 독자층을 대상으로 책을 만들고 마케팅하자. 앞으로 종합 출판사보다는 특정 분야의 책만 출판하는 개성 있는 출판사들이 더 강한 생존력으로 출판시장에서 자리매김을 할 것이다.

누가 이런 말을 했다.

"매일 밥만 먹을 수 있나요? 햄버거도 먹고 싶어요."

맞는 말이다. 전문 출판사를 하면서 가끔 햄버거 같은 책도 한번 만들어보자.

전자출판의 시대

출판을 논하면서 전자출판을 말하지 않을 수 없다. 현재 종이책에서 전자책으로 넘어가고 있는 것은 사실이다. 하지만 종이책은 사라지지 않을 것 같다.

지금 만들고 있는 책이 있다면 종이책과 전자책을 동시에 출판해 보자. 아니면 기존에 만들어진 종이책을 전자책으로 만들어보자.

전자책 서비스를 제공하는 온라인 서점마다 조금씩 차이가 나겠지만 여기서는 교보문고를 중심으로 전자출판 시대에 알아야 할 것들에 대해서 알아본다.

먼저 수익률이다.

B2C(교보문고의 유통 채널을 이용해서 판매하는 것)인 경우를 알아본다.

출판사가 전자책을 만들어 교보문고에 서비스를 제공하면 출판사 : 교보문고가 7:3으로 배분한다. 즉 출판사가 70%, 교보문고가 30%의 판매수익금을 가진다.

출판사가 교보문고에 전자책 제작을 의뢰해서 서비스를 제공하면 출판사 : 교보문고가 6:4로 배분한다. 즉 출판사가 60%, 교보문고가 40%의 판매수익금을 가진다.

이외에 B2BC(제휴 채널을 통해서 판매하는 것), B2B(공공기관/도서관 등에 전자도서관 형태로 납품하는 것)의 경우에는 출판사 : 교보문고가 5:5로 배분한다. 즉 출판사가 50%, 교보문고가 50%의 판매수익금을 가진다.

자신의 출판사에 맞는 방식을 선택해서 진행하면 된다.

▲교보문고 이북 SCM 초기화면

Power Tip 출판 콘텐츠의 OSMU

출판 콘텐츠의 OSMU에 대해서 알아보겠다.
먼저 OSMU란 무엇인지 알아보자.
OSMU란? 원 소스 멀티 유스(One Source Multi Use)를 말한다.
출판에서의 OSMU는 책을 다양한 소재들인 드라마, K-POP, 게임, 영화, 드라마, 연극, 애니메이션 등의 사업들과 연계하는 것을 말한다.
출판 콘텐츠의 OSMU에서 소설의 경우를 먼저 보자.
소나기(황순원 저, 1952년)는 연극, 영화, 뮤지컬, 드라마로 제작되었다. 서편제(이청준 저, 1976년)는 영화, 뮤지컬, 창극으로 제작되었다. 우리들의 일그러진 영웅(이문열 저, 1987년)은 연극과 영화로 제작되었다.
만화의 경우는 발바리의 추억(강철수 저, 1988년)이 연극, 영화, 드라마로 제작되었고 식객(허영만 저, 2002년)이 드라마, 영화로 제작되었다. 웹툰의 경우는 미생(윤태호 저), 송곳(최규석 저), 마음의 소리(조석 저), 무한동력(주호민 저), 닥터 프로스트(이종범 저), 그대를 사랑합니다(강풀 저) 등이 드라마나 영화로 제작되었다.

출판 콘텐츠의 OSMU와 저작권

출판사는 OSMU의 저작권 문제를 해결하기 위한 [2차적 저작물 작성권]에 대한 계약서를 작성해야 한다. 여기서 말하는 [2차적 저작물 작성권]이란? 원저작물을 번역, 변형, 각색, 영상제작 등의 방법으로 작성한 창작물을 말한다.
저작권법에서는 저작권을 양도하였다고 해도 [2차적 저작물 작성권]은 양도되지 않는 것으로 추정하고 있다. 그래서 작가와 계약 시 이점을 인지하고 표준계약서를 사용해 저작권 문제에 휘말리지 않도록 하자.

출판분야 표준계약서는 [한국출판문화산업진흥원(http://www.kpipa.or.kr)] 홈페이지에서 다운로드 받을 수 있다.

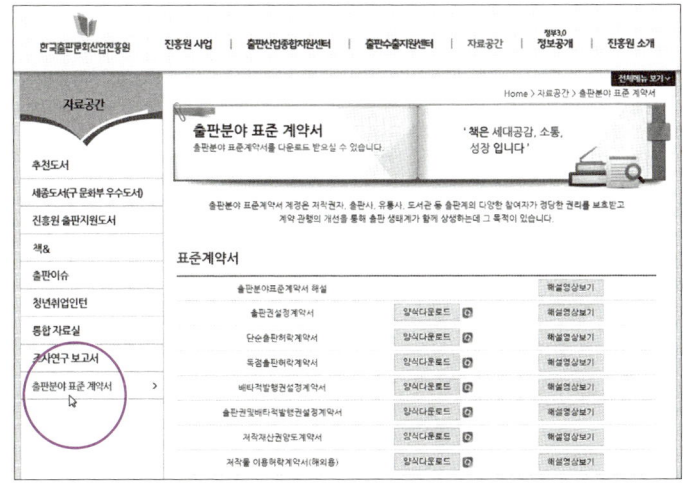
▲[한국출판문화산업진흥원]의 [자료 공간] 화면

4

포워딩 서비스를 이용한
무료 홍보 홈페이지 만들기

 필자는 출판사 창업 당시에 165만 원을 들여 홈페이지를 제작했다. 지금 생각해 보면 아무 의미 없는 작업이었다. 이름도 없는 출판사 홈페이지를 누가 알고 방문할 것이며 무엇을 믿고 회원 가입을 하겠는가?

 회사 홈페이지를 만들 것인지 카페를 만들 것인지에 대한 물음에 카페를 먼저 만들 것을 추천한다.
 다음(DAUM_http://www.daum.net)이나 네이버(NAVER_http://www.naver.com)에 카페를 만들어 보자. 출판사 입장에서도 유리한 점들이 많다.
 홈페이지의 경우 일반게시판 정도는 관리하는 직원이나 대표자가 직접 올리고 이동시키고 삭제하는 등의 작업이 가능하다. 하지만 디자인이 되어 있는 부분의 경우 수정을 하려면 홈페이지 관리업체에 의뢰를 해야 하는 번거로움과 경우에 따라서는 약간의 비용이 발생한다.
 다음이나 네이버에 출판사 카페를 만들고 출판사의 도메인 주소를 입력하면 출판사 카페로 넘어가도록 연동을 시킬 수 있다.

다음이나 네이버의 카페는 별도의 비용이 들지 않고 관리자가 마음먹은 대로 입력, 수정, 삭제가 가능하기 때문에 매우 편리하다. 도메인을 등록하고 그 도메인으로 출판사 카페로 연동하는(포워딩 서비스) 방법에 대하여 알아보겠다.

도메인 신청하기

먼저 출판사 이름으로 된 도메인을 신청하자.

도메인 신청은 다음의 사이트 중 한 곳에 회원가입을 한 후 신청하면 된다.

- 후이즈(http://whois.co.kr)
- 아이네임즈(http://www.inames.co.kr)
- 가비아(http://domain.gabia.com)
- 카페24(http://www.cafe24.com)

처음에는 1년 정도 사용하는 것으로 해서 등록을 해두자.

.com과 같은 외국 도메인은 1년에 30,000원 미만이고 co.kr과 같은 국내 도메인은 1년에 28,000원 미만이다. 각 회사마다 등록비용이 거의 비슷하다. 1년 등록보다는 2년, 2년 등록보다는 3년 간 사용등록 시 금액이 더 낮아진다.

적당한 도메인 서비스 업체를 선택하고 적당한 도메인을 신청하자. 필자의 경우 회사 상호가 투데이북스(Todaybooks)이므로 www.todaybooks.co.kr로 신청을 했었다.

포워딩 서비스 신청하기

포워딩 서비스를 신청해 두면 독자들이 출판사 도메인으로 접속을 하면 지정한 카페로 이동된다. 이것이 바로 포워딩 서비스이며 별도의 비용이 들지 않는다.

먼저 다음이나 네이버에 출판사 카페를 만들자. 카페를 만드는 것은 매우 간단하다. 해당 포털에 들어가서 [카페]-[카페 만들기]를 하면 된다. 출판사 카페를 만들었다면 바로가기 주소가 있을 것이다. 예를 들어 다음 카페의 경우 **http://cafe.daum.net/신청한 출판사 이름**이므로 별도로 메모를 해두자.

도메인을 신청한 업체의 홈페이지에 들어가면 보통 부가서비스라는 메뉴 안에 포워딩이라는 메뉴가 있다. 포워딩 서비스로 들어가서 포워딩 서비스 신청을 하면 된다. 만약 메뉴를 찾지 못했다면 도메인 신청업체에 전화로 문의를 하면 포워딩 서비스 메뉴가 있는 곳을 알려준다.

포워딩 연결 주소에는 도메인으로 접속했을 때 연결될 카페의 주소를 입력하면 된다. 그리고 홈페이지 제목, 홈페이지 키워드, 홈페이지 설명을 입력해 주면 된다.

필자의 경우 명함에 **www.todaybooks.co.kr**이라는 회사 홈페이지 주소가 표기되어 있다. 이 사이트로 접속을 하면 필자의 다음 카페인 **http://cafe.daum.net/todaybooks**로 접속이 된다.

http://cafe.daum.net/신청한 출판사 이름
http://cafe.daum.net/todaybooks
www.todaybooks.co.kr

▲ 포워딩 서비스 신청화면

제3장 출판마케팅 활용노트

5

상표 등록으로
지속가능한 마케팅을 펼치자

　회사명(상호), 중요한 책의 제목이나 시리즈 명의 경우 상표 등록을 권하고 싶다. 여기서 회사의 상호는 가능하면 꼭 상표 등록을 해두기를 당부한다. 지속가능한 출판 사업을 위한 첫걸음이다.

　필자가 출판사 근무시절 있었던 실화이다.

　어느 날 필자가 근무하던 회사로 내용 증명이 한 통 배달되어 왔다.

　A기업에서 필자가 근무 중인 회사의 상표권을 가지고 있으니 계속 사용하려면 수천만 원에 구입을 하라는 것이었다.

　보통 상표권 출원 비용이 50만 원 ~ 100만 원 사이인 것을 감안하면 몇 배에 달하는 금액이었다.

　필자의 회사는 변호사를 선임하고 소송에 들어갔다. 당시 변호사 선임 비용이 500만 원이었다. 소송의 내용은 우리 출판사가 A기업이 상표권을 출원하기 전부터 실질적으로 회사명으로 사용했다는 것을 중심으로 소명 자료들을 준비했다.

　1년 정도의 소송 끝에 그 상표를 무효화시켰다. 무효화가 되면서 A기업도 그 상표권에 대한 독점권이 없어져 버렸다. 즉 법적인 보호를 받지 못하는, 누구나 사용할 수 있는 명칭이 된 것이다. 그 일이 있은

지 몇 년이 지나서 필자가 근무한 출판사는 다른 이름으로 출판사 상호를 변경했다.

상표 등록은 이렇게 하자.

상표 출원 절차는 일단 무료 검색 서비스를 이용해서 검색을 한 후 변리사 섭외나 직접 출원하는 방법으로 나눌 수 있다.

상표넷(http://www.trademark-net.com)이라는 사이트에서 한번 검색을 해 보아도 좋다. 또는 특허청(http://www.kipo.go.kr)의 **특허정보넷 키프리스**(http://www.kipris.or.kr/khome/main.jsp)에서 상표권을 검색해 보자.

필자의 경우에는 검색만 해보고 변리사를 통해 진행시켰다.

필자는 출판사 상호의 경우 2번의 거절 후 3번만에 출판사 상호로 된 [서비스표 등록증]을 받았다. 처음에는 유사한 디자인에 걸리고 두 번째는 비슷한 명칭에서 걸렸다. 포기하려다가 다시 소명 자료를 제출해서 어렵게 출원을 했다. 참고로 출원 비용은 출원 시 계속 발생을 한다. 동일한 건을 3번 출원했다고 한다면 출원 비용만 3번 드는 것이다. 그리고 출원이 되면 등록비를 내야한다.

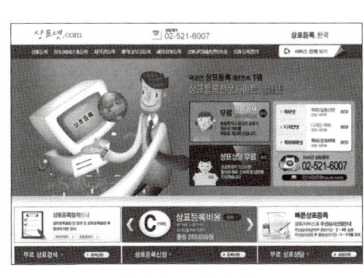
▲상표넷 홈페이지 초기화면

▲특허정보넷 키프리스 초기화면

상표권 신청 시 제16류나 제41류로 신청을 하면 된다. 예를 들어 '북즐'이라는 상표가 있다고 하자. 서적 출판용으로 사용하려면 16류나 41류로 신청을 해야 한다. 2건이 되면 비용도 2배가 된다. 1류별로 출원 금액이 정해진다. 예를 들어 통신사업용으로 사용하려면 38류를, 식당 상호로 사용하려면 43류로 등록을 해야 한다.

또 하나 북즐의 영문 표기인 'BookZle'을 제16류로 신청하면 한글 '북즐'과 영문 'BookZle'로 2건이 되어 비용이 두 배가 된다. 이때에는 '북즐'과 'BookZle'을 별도로 출원하지 말고 '북즐(BookZle)'로 해서 1건으로 출원하면 된다.

신청 류도 16류로 신청을 하고 16류가 어려우면 41류로 신청을 하자. 그리고 기존의 문자로 등록이 안되면 그 문자를 변형시켜 디자인해서 등록을 시키자. 비슷한 문자와 차별화가 되어 출원이 될 가능성이 높다.

아래에 소개된 투데이북스 서비스표의 경우 기존의 문자를 세모와 동그라미를 이용해서 디자인한 후 출원을 시킨 예이다.

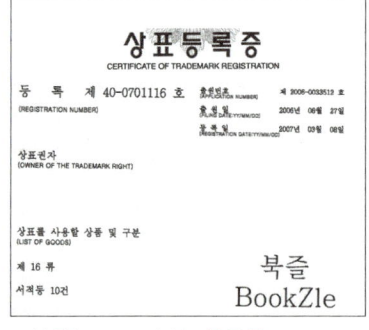
▲북즐(BookZle) 상표등록증

▲투데이북스 서비스표등록증

> **Power Tip** 상표법 시행규칙에 의한 상품이나 서비스업의 류구분

상표법 시행규칙에 의한 상품이나 서비스업의 류구분을 숫자로 하며, 상품은 1~34류, 서비스업은 35~45류로 표시된다.

*상품류 구분

제1류

공업용, 과학용, 사진용, 농업용, 원예용 및 임업용 화학제; 미가공 인조수지, 미가공 플라스틱; 비료; 소화제(消火劑); 조질제(調質劑) 및 땜납용 조제; 식품보존제; 무두질제; 공업용 접착제

제2류

페인트, 니스, 래커; 방청제 및 목재보존제; 착색제; 매염제(媒染劑); 미가공 천연수지; 도장용, 장식용, 인쇄용 및 미술용 금속박(箔)과 금속분(粉)

제3류

표백제 및 기타 세탁용 제제; 청정, 광택 및 연마재; 비누; 향료, 정유(精油), 화장품, 모발로션; 치약

제4류

공업용 유(油) 및 그리스(Grease); 윤활유; 먼지흡수제, 먼지습윤제 및 먼지흡착제; 연료(자동차 휘발유를 포함한다), 발광체; 조명용 양초 및 심지

제5류

약제 및 수의과용 약제; 의료용 위생제; 의료용 또는 수의과용 식이요법식품 및 식이요법제, 유아용 식품; 인체용 또는 동물용 식이보충제; 깁스 및 연고류; 치과용 충전재료 및 치과용 왁스; 소독제; 유해동물 구제제; 살균제, 제초제

제6류

일반금속 및 그 합금; 금속제 건축재료; 이동식 금속제 건축물; 철도노선용 금속재료; 일반금속제 케이블 및 와이어{전기용은 제외한다}; 철제품, 소형 금속제품; 금속관; 금고; 다른 류에 속하지 아니하는 일반 금속제품; 광석

제7류

기계 및 공작기계; 모터 및 엔진{육상차량용은 제외한다}; 기계연결기 및 전동장치의 구성부품{육상차량용은 제외한다}; 농업용 기구{수동식은 제외한다}; 부란기(孵卵器); 자동판매기

제8류

수공구 및 수동기구; 칼붙이류; 휴대용 무기; 면도칼

제9류

과학, 항해, 측량, 사진, 영화, 광학, 계량, 측정, 신호, 검사(감시), 구명 및 교육용 기기; 전기의 전도, 전환, 변형, 축적, 조절 또는 통제를 위한 기기; 음향 또는 영상의 기록용, 송신용 또는 재생용 장치; 자기 정보기억 매체 및 녹음반; CD, DVD 및 기타 디지털 기록매체; 동전작동식 기계장치; 금전등록기, 계산기, 정보처리장치, 컴퓨터; 컴퓨터 소프트웨어; 소화기(消火器)

제10류

외과용, 내과용, 치과용 및 수의과용 기계기구, 의지(義肢), 의안(義眼), 의치(義齒); 정형외과용품; 봉합용 재료

제11류

조명용, 가열용, 증기발생용, 조리용, 냉각용, 건조용, 환기용, 급수용 및 위생용 장치

제12류

수송기계기구; 육상, 공중 또는 수상이동장치

제13류
화기(火器); 총포탄 및 발사체; 화약류; 불꽃

제14류
귀금속 및 그 합금과 귀금속 제품 또는 귀금속 도금제품{다른 류에 속하는 것은 제외한다}; 보석류, 귀석(貴石); 시계용구

제15류
악기

제16류
종이, 판지 및 종이나 판지제품으로서 다른 류에 속하지 않는 것; 인쇄물; 제본용 재료; 사진; 문방구용품; 문방구 또는 가정용 접착제; 미술용 재료; 화필(畵筆) 및 도장용 붓; 타자기 및 사무용품{가구는 제외}; 교육용 재료{장치는 제외}; 포장용 플라스틱 재료{다른 류에 속하는 것은 제외}; 인쇄용 활자; 프린팅 블록

> 〈출판관련 세부항목〉
> 서적, 소책자, 정기간행물, 카탈로그, 팜플렛, 포스터, 학습지, 핸드북

제17류
고무, 구타페르카, 고무액(Gum), 석면, 운모 및 이들의 제품{다른 류에 속하는 것은 제외한다}; 제조용 압출성형플라스틱; 충전용, 마개용 및 절연용 재료; 비금속제 신축관

제18류
가죽과 모조 가죽 및 그 제품{다른 류에 속하는 것은 제외한다}; 동물가죽(獸皮); 트렁크 및 여행용 가방; 우산과 양산; 지팡이; 채찍, 마구(馬具)

제19류
비금속제 건축재료; 건축용 비금속제 경질관(硬質管); 아스팔트, 피치 및 역청; 비금속제 이동식 건축물; 비금속제 기념물

제20류

가구, 거울, 액자; 목재, 코르크, 갈대, 등나무, 고리버들, 뿔, 상아, 고래수염, 조개 껍질, 뼈, 호박(琥珀), 진주모(珍珠母), 해포석(海泡石)을 재료로 하는 제품과 이들 재료의 대용품 또는 플라스틱 제품{다른 류에 속하는 것은 제외한다}

제21류

가정용 또는 주방용 기구 및 용기; 빗 및 스펀지; 솔{회화용과 도장용은 제외한다}; 솔 제조용 재료; 청소용구, 강철 울(Steel wool); 미가공 또는 반가공 유리{건축용은 제외한다}; 유리제품, 도자기제품 및 토기제품{다른 류에 속하는 것은 제외한다}

제22류

로프, 끈, 망, 텐트, 차양막, 타폴린, 돛, 포대{다른 류에 속하는 것은 제외한다}; 충전용 재료{고무제 또는 플라스틱제는 제외한다}; 직물용 미가공 섬유

제23류

직물용 실(絲)

제24류

직물 및 직물제품{다른 류에 속하는 것은 제외한다}; 침대커버; 테이블커버

제25류

의류, 신발, 모자

제26류

레이스 및 자수포, 리본 및 브레이드(Braid); 단추, 훅 및 아이(Hooks and eyes), 핀 및 바늘; 조화(造花)

제27류

카펫, 융단, 매트, 리놀륨 및 기타 바닥깔개용 재료; 비직물제 벽걸이

제28류

오락 및 놀이용구; 체조용품 및 운동용품{다른 류에 속하는 것은 제외한다}; 크리스마스트리용 장식품

제29류

육류, 어류, 가금 및 수렵대상이 되는 조수(鳥獸); 육(肉)즙; 절임, 조림, 냉동, 건조 및 조리된 과실과 채소; 젤리, 잼, 설탕에 절인 과실; 계란, 우유 및 그 밖의 유제품; 식용 유지(油脂)

제30류

커피, 차(茶), 코코아와 대용커피, 쌀, 타피오카와 사고(Sago), 곡분(穀粉) 및 곡물 조제품, 빵, 과자, 빙과; 설탕, 꿀, 당밀(糖蜜); 효모, 베이킹파우더; 소금; 겨자; 식초, 소스(조미료); 향신료; 얼음

제31류

곡물과 농업, 원예 및 임업 생산물(다른 류에 속하는 것은 제외한다); 살아있는 동물; 신선한(가공하지 않은) 과실 및 채소; 종자, 자연식물 및 꽃; 사료; 맥아

제32류

맥주; 광천수, 탄산수 및 기타 무주정(無酒精)음료; 과실음료 및 과실주스; 시럽 및 기타 음료용 조제품(調製品)

제33류

알콜 음료{맥주는 제외한다}

제34류

담배; 흡연용품; 성냥

* 서비스분류 구분

제35류
광고업; 기업관리업; 기업경영업; 사무처리업

〈출판관련 세부항목〉
서적 도매업, 서적 중개업, 서적/정기간행물 소매업, 서적 판매, 구매대행 서비스업, 서적 판매대행업, 인쇄물(서적과 정기간행물은 제외)

제36류
보험업; 재무업; 금융업; 부동산업

제37류
건축물 건설업; 수선업; 설치서비스업

제38류
통신업; 방송업

제39류
운송업; 물품의 포장 및 보관업; 여행대행업

제40류
재료처리업

제41류
교육업; 훈련제공업; 연예업; 스포츠 및 문화활동업

〈출판관련 세부항목〉

교육출판업, 서적출판업, 학습지출판업, 중국어학원 경영업, 일본어학원 경영업, 영어학원 경영업

제42류

과학적, 기술적 서비스업 및 관련 연구, 디자인업; 산업분석 및 연구 서비스업; 컴퓨터 하드웨어 및 소프트웨어의 디자인 및 개발업

제43류

음식료품을 제공하는 서비스업, 임시숙박업

제44류

의료서비스업; 수의사업; 인간 또는 동물을 위한 위생 및 미용업; 농업, 원예 및 임업 서비스업

제45류

법무서비스업; 재산 및 개인을 보호하기 위한 보안서비스업; 개인의 수요를 충족시키기 위해 타인에 의해 제공되는 사적인 또는 사회적인 서비스업

상품분류 니스(NICE) 10판 기준(2012년 1월 1일 시행)
*자료 참고 : 특허청(http://www.kipo.go.kr)

6

시장조사가 어려울수록 성공할 확률이 높다

 시장조사가 쉬운 책은 만들기 쉬운 책일 수 있다. 시장조사가 쉽다면 많이 알려져 있는 내용이라는 것이다. 반대로 시장조사가 어렵다는 것은 아직 많이 알려지지 않은 내용이라고 할 수 있다.

 시장조사가 어려운 책일수록 책을 잘 만든다면 실패하지 않을 수 있다.

 실패하지 않을 확률이 높은 것이지 100% 성공한다고는 말할 수 없다. 다른 표현으로 성공할 확률이 높다고 하겠다.

출판시장을 정확하게 파악하자.

 책을 기획하는 과정에서 시장조사는 필수이다. 시장조사를 하는 첫 번째 목적은 과연 이 책을 만들어도 되는지이며, 두 번째는 책이 어느 정도나 팔릴 수 있을지를 가늠해 보는 것이다. 이러한 시장조사를 통해 기획을 더욱 구체적으로 하게 되고 마케팅의 방향을 제대로 잡을 수 있다.

 기획한 책을 출판하기로 최종 결정이 되었다면 보통 출판사에서는 신간 도서의 시장조사를 다음과 같이 진행한다.

  가장 먼저 유사하거나 동일한 도서의 종수를 파악한다. 그런 다음 그 중 판매가 잘되고 있는 책들의 목록을 뽑는다. 이때에는 온라인 서점의 판매지수를 참고하면 된다.

  판매지수가 높은 책 위주로 5권~10권 정도의 목록을 뽑은 후 관련 도서들을 모두 구입하여 내용들을 분석한다. 각 도서별 특징이나 장점을 정리한다. 즉 특이한 내용, 장점, 단점, 가격, 제책 방법 등을 요약한다.

  이상의 작업을 거쳐서 발행할 신간도서의 콘셉트를 잡을 수 있는 자료들을 제시한다. 기존에 나온 책들에 없는 내용이거나 좀 더 보완될 필요가 있는 내용들이 들어가도록 제안한다.

  몇 해 전 히트친 책이 한 종 있었다.

  필자도 그런 책을 만들어 볼까라는 생각에 교보문고 A지점에 시장조사를 나갔다.

  그 책이 나온 지 8개월 정도 지났었는데 벌써 그와 유사한 책들이 30여 종이 나와 있었다. 심지어 그 책의 아이디어를 이용한 다른 파생 상품들도 나와 있었다. 필자는 바로 그 책의 진행을 포기했다. 지금 생각해도 참 잘한 일 같다.

  그래서 지금은 필자만이 잘 만들 수 있는 아이템으로 책을 만들려고 더 노력한다. 주변을 뒤돌아보지 않고 오직 나만의 길을 가고 있는데 아직은 그런대로 잘 가고 있는 것 같다.

  유사도서 출간의 유혹에서 자신만의 출판 신념을 지키자.

Power Tip 알라딘 SCM 분석

알라딘과 거래를 시작하게 되면 알라딘 SCM에 접속할 수 있는 아이디와 비밀번호를 발급받을 수 있다.

알라딘 SCM에서 월별 도서들의 판매추이를 분석할 수 있다. 그리고 판매경향 통계를 볼 수 있다. [판매추이 분석]에서는 해당 책의 주차별 판매 권수를 알아볼 수 있으며 [판매경향 통계]에서는 성별 판매경향, 연령별 판매경향, 국내 지역별 판매경향에 대해서 알아볼 수 있다.

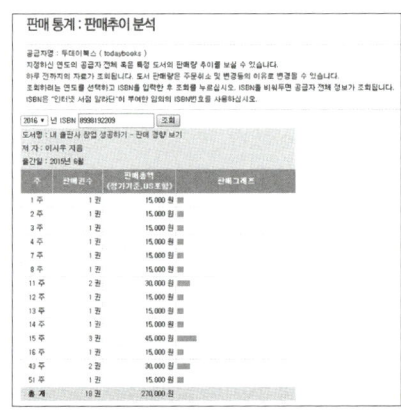

▲[판매추이 분석] 화면

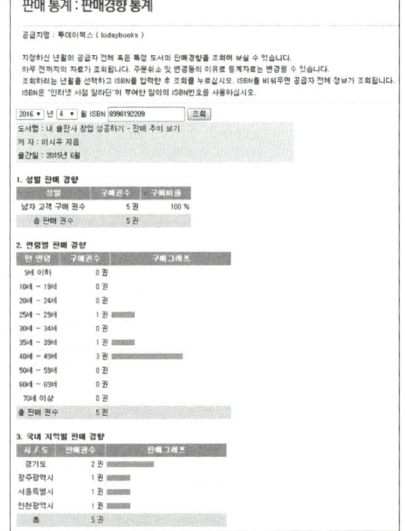

▲[판매경향 통계] 화면

7

독자들이 원하는 책이
성공적인 마케팅으로 이어진다

독자들이 원하는 책을 만든다면 별다른 마케팅 없이도 책이 판매된다. 흔히 하는 말로 가장 좋은 책이 최고의 마케팅이다.

다른 예로 필자의 경우 출간된 책들 중 재판을 제작한 책들을 보면 알 수 있다. 책의 저자가 강사이거나 그 분야에서 이름이 알려진 작가인 경우가 그렇다.

결론적으로 크게 두 가지로 볼 수 있다.

독자들이 원하는 좋은 책을 만들든지 아니면 책을 판매할 능력이 있는 작가를 섭외하든지이다. 전자는 많은 노력이 필요하겠지만 후자는 출판사 의지로 가능하다.

필자가 한때 근무했던 출판사의 경우 유명 학원(영어, 일어, 중국어) 강사 분들을 저자로 많이 모셨다. 이 분들이 책을 내면 본인들이 강의하는 곳에서 교재로 채택되었다.

신간을 2,000부 제작하더라도 한 달에 학원에서 200부만 소비를 해주어도 좋다. 학원에서만 책이 판매되는 것이 아니라 서점에서도 판매되기 때문이다. 현직 강사가 저자인 경우 그 책의 재판 제작 시기는 다른 책들에 비해 빠르다.

독자들이 원하는 책을 만들자.

　가장 어려운 숙제이자 출판사에 근무하는 모든 분들의 끝나지 않는 물음일 것이다.

　독자들이 원하는 책을 쓸 수 있는 사람은 독자들이 원하는 정보를 가지고 있는 사람이 아닐까?

　파워블로그 운영자, 유명 카페 운영자, 페이스북 스타, 유명 팟캐스트 진행자, 아프리카TV 진행자, 유명 카카오스토리 운영자 등이 후보들이다.

　필자는 2011년경 아프리카TV의 진행자 한 분을 섭외해서 책을 기획해보려고 했었다. 당시 아프리카TV가 시작 단계여서 사회적으로 인지도가 별로 없는 상황이었다. 그래서 여러 가지 상황들을 살펴만 보다가 시작도 안 해보고 포기를 했었다. 그 분은 지금 꽤 유명한 BJ로 활동을 하고 있다. 벌써 한발이 늦은 셈이다.

　지금도 필자는 이상에서 언급한 곳들을 기웃거린다. 부동산 정보 공유로 유명한 카페에 가입을 하고 팟캐스트를 열심히 듣고 있다. 언젠가는 좋은 기획이 나와서 적당한 저자를 섭외할 수 있을 것 같다.

신인작가의 발굴

　독자들이 원하는 책은 그 분야에서 유명한 사람들이 집필한 책들이 많을 것이다. 하지만 그분들이 모두 처음부터 유명한 작가는 아니었을 것이다.

필자가 근무했던 출판사에 K편집장이 있었다. 기획력이 뛰어났던 그는 2006년 인터넷에서 J작가를 발굴했다. J작가는 그곳에서 4권의 책을 출간했다. 지금도 J작가가 필자가 근무했던 출판사에 처음 방문했을 때의 모습이 기억난다.

J작가의 책은 꽤 잘나갔다. 다른 출판사로 옮긴 후 여러 권의 책들을 출간했다. 그 중에서 [신과 함께]라는 시리즈로 더 유명해졌다.

지금부터 무명이지만 실력있는 저자들을 발굴해 보자. 분명 승산(勝算)이 있을 것이다. 필자의 경험으로 보면 시간은 걸리겠지만 지금 당장 유명 작가의 원고를 거액을 주고 받는 것보다 신인 작가 발굴이 더 기회가 많다고 생각한다.

Power Tip 인터넷 팩스에 대해서

1인 출판사의 경우 사무실 팩스를 인터넷 팩스로 신청해두면 좋다. 외근 시 스마트폰으로 팩스가 들어오면 즉시 확인이 가능해서 일처리를 빨리할 수 있다. 그리고 중요한 자료는 이미지 파일로 저장도 가능하다. 스마트폰에서 사용하려면 해당 서비스 업체의 어플(스마트폰 어플리케이션)을 설치 후 사용 가능하다.

먼저 인터넷 팩스 서비스 업체에 회원가입을 하자. 팩스 전용인 전화번호가 발급된다. 팩스의 수신 양에 따라 적당한 요금제를 선택해서 신청하면 된다.

인터넷 팩스 서비스 업체는 인터넷 포털사이트에서 검색 후 적당한 업체를 선택하면 된다. 여기서는 엔팩스(http://enfax.co.kr)를 중심으로 알아보겠다.

다음과 같이 스마트폰으로 받은 팩스 정보를 확인할 수 있다.

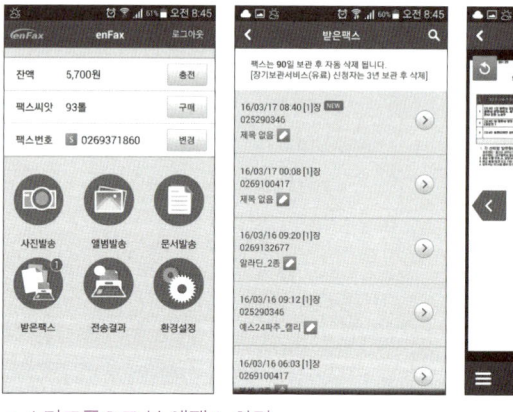

▲스마트폰으로 본 엔팩스 화면

에피소드 3 인생이 그런거야

필자가 창업을 한 후 가장 아쉬워했던 점이 출판사 근무시절 마케터들과 좀 더 친하게 지내지 못한 것이다. 그래서 가끔 전 직장 동료에게 전화도 하고 돌잔치, 결혼식에도 참석하면서 친분을 쌓으려고 노력을 했다. 지나고 나서 의도적으로 친하게 지내려다보니 그 한계가 금방 나타났다.

창업 후 1년이 되는 무렵의 일이다. 전 직장에서 함께 일했던 지인을 찾아갔다. 당시 필자는 매우 어려운 길을 혼자 가고 있는 절실한 심정이었다.
그분에게 출판마케팅도 도움을 받고 싶고 서점담당자와 사장들을 소개받고 싶었다. 만나서 이야기를 하는 동안에는 매우 긍정적으로 말씀을 하셔서 고마웠다. 지방 영업은 본인이 직접 지방 출장을 가면서 해주신다고도 말했다. 너무 감사했다. 그날 가벼운 발걸음으로 사무실로 돌아왔다. 그런데 며칠 후 연락을 해보니 힘들겠다고 했다.
순간적으로는 서운했지만 충분히 이해가 되었다. 가만히 돌이켜 보면 필자가 그분과 함께 근무를 하는 동안 서로에게 마음을 연 적이 없었던 것 같다. 필자는 총무 부장이고 그분은 마케팅 책임자였기에 대립의 날만 세웠던 것 같다는 생각이 들었다.
그분과 필자가 함께 근무를 했던 그 시기에 필자가 지금처럼 출판사를 할 지는 몰랐다. 만약 알았다면 상황은 많이 달라졌을 것이다.

그런 일이 있은 후 좀 더 자립심을 가져야겠다고 생각했다. 그리고 처음 만나는 사람이라고 하더라고 간절히 도움을 요청하는 경우 무조건 도움을 주려고 했다.

그 결과 좋은 운이 필자에게 돌아온다는 느낌을 받았다. 상대방을 돕는 차원에서 만든 책들이 의외의 결과를 가져다 준 경우도 몇 번 있었다. 모두 다 좋은 결과가 된 것은 아니지만 오히려 필자에게 도움이 된 경우가 많았다.

그중 처음 시도한 영어작문 시리즈는 절반의 성공을 거두었다. 필자에게 마음을 연 작가분의 마음을 받아들이면서 나름대로 좋은 결과로 이어졌다.

인생은 알 수 없는 것 같다.

너무 실속(實速)만 따지지 말고 열심히 살다보면 좋은 결과가 있으리라 생각해 본다. 그래서 오늘도 필자에게 SOS를 하는 사람들의 고충을 듣고 있는 것 같다.

제4장

출판디자인 제작노트

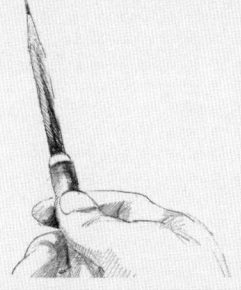

책을 만들 때마다 책표지를 결정할 때 가장 많은 고민을 한다.
본문 원고의 경우 교정/교열 담당자의 손을 거쳐 적당한 디자인으로 제작을 하면 된다. 표지의 경우에는 그 책의 얼굴이기에 고민이 많다.
너무 잘 만들려고 해서 문제이다. 그래서 표지에 좀 더 신경을 썼다. 그 결과는 신경 안 썼을 때와 동일했다.
필자의 출판사 책들은 표지의 문제가 아니라는 결론을 내렸다. 그래서 베스트셀러 책들의 표지를 보면서 연구를 해보았다. 책표지가 좋아서 베스트셀러가 된 것 같지는 않았다.
이왕이면 책표지 디자인이 좋으면 좋겠지만 그 수준에 도달하기에는 필자의 눈이 낮다.
필자의 눈이 낮다는 것을 깨닫는 순간 오히려 마음이 홀가분해졌다. 굳이 필자가 표지를 선택할 필요가 없다는 것이다.

북즐(BookZle) 활용 시리즈 10
출판 고수 정리노트

1

표지 디자인 비용을 절약하는 방법

표지 디자인 비용은 작업하는 디자이너에 따라 많은 차이가 난다. 금액이 높다고 해서 좋은 디자인이고 금액이 낮다고 해서 나쁜 디자인은 절대로 아니다.

필자가 생각하는 좋은 표지 디자인은 본문의 내용을 표지에 잘 표현하되 산만하지 않고 강조할 부분이 잘 표현된 디자인이라고 생각한다.

표지 디자인 비용을 절약하는 방법 하나

자신의 출판사와 가장 잘 맞는 디자이너를 섭외한 후 그 디자이너에게 모든 작업들을 몰아주자. 그러면서 표지 디자인 단가를 협상해보자.

매번 신간을 만들 때마다 디자이너를 교체하지 말고 한 분과 작업을 계속이어서 하자. 처음에는 손발이 안 맞을 수 있으나 시간이 지남에 따라 서로의 호흡이 맞아질 것이다.

출판하는 분야가 2개 이상인 경우에는 메인 디자이너를 두자. 메인 디자이너에게는 물량을 최대한 주면서 신뢰를 쌓자.

결론은 믿을 수 있는 디자이너에게 일을 몰아주고 단가를 조정하는 방법이다.

표지 디자인 비용을 절약하는 방법 둘

신간 기획 시 가능하다면 시리즈물들을 기획해보자.

출판사 사업 초기 단권보다는 시리즈로 책을 내는 것이 출판사를 알리는데 많은 도움이 된다.

표지는 보통 한 권을 작업하는 경우가 많지만, 시리즈의 경우 권당 표지 단가가 내려가는 것을 알 수 있다. 예를 들어 시리즈 3권의 표지를 작업한 경우라고 한다면 1권은 700,000원의 비용이 나오고 2권부터는 100,000원으로 표지를 만들 수 있다. 왜냐하면 1권의 디자인 폼을 그대로 사용하기 때문이다. 만약 2권의 디자인 폼이 100% 변경이 된다면 다시 디자이너와 가격 절충을 해야 한다.

〈표지 단가표〉　　　　　　　　　　　　　　　　　　단위 : 원

구분	품명	단가	비고
표지 디자인 비용	1권	700,000	
	2권(시리즈)	100,000	2권부터는 +10만 원
	3권(시리즈)	100,000	

필자의 경우 [북즐 활용 시리즈]의 경우 파워포인트를 이용해서 다음과 같이 만들어 보았다. 그리고 이것을 디자이너에게 넘겨주고 의논을 교환한 후 시리즈 표지를 만들었다.

◀파워포인트로 만든 시리즈 표지화면

이 표지의 콘셉트는 시리즈마다 고유의 색상을 가지고 제목만 변경하는 디자인이었다.

[북즐 활용 시리즈]라고 시리즈 이름을 붙이고 필요하면 부제목도 넣어서 만들었다.

다음은 이때까지 나온 [북즐 활용 시리즈]들의 표지화면들이다. 표지 디자인이 단순하다. 이 시리즈의 표지 콘셉트가 단순한 표지에 제목으로 책의 내용을 알리는 것이다.

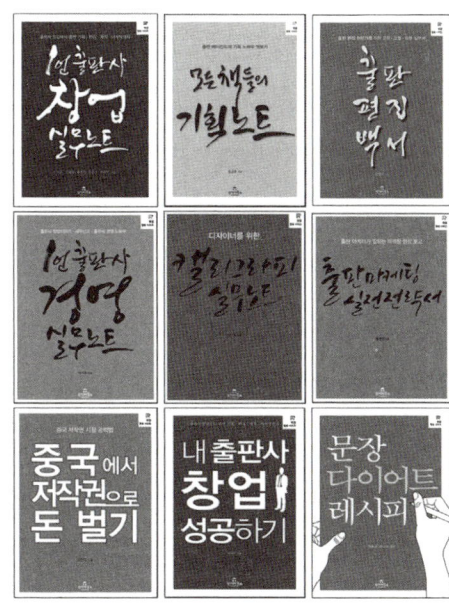

▶[북즐 활용 시리즈]들의 표지화면

Power Tip 교정, 교열 비용 + 표지와 본문 디자인 비용에 대한 분석

책을 만들 때 제작 전 단계인 본문 편집 비용, 교정, 교열 비용, 본문 디자인 비용, 표지 디자인 비용에 대해서 알아보겠습니다.

항목	금액	구분	비고
본문 편집 비용	1,000,000원 ~ 2,500,000원	한 권당	책임편집
교정, 교열 비용	2,500원 ~ 5,000원	페이지	디자인이 된 상태
본문 디자인 비용	3,000원 ~ 10,000원	페이지	디자인이 된 상태
표지 디자인 비용	500,000원 ~ 1,500,000원	한 권당	

본문 편집 비용

본문 편집 비용의 경우 생략하거나 직접 원고를 만지면 절약할 수 있는 부분이다.

이 부분이 자신 없다면 외주를 주면 되는데 어느 부분까지 줄 것인가에 따라 금액이 달라진다. 예를 들어 책임편집의 경우 기획구성, 본문 편집, 신간 보도자료 작성을 모두 일임할 때에는 보통 200만 원 선이다. 한 권당 200만 원으로 계약을 해도 되고 원고지 1매당 계약을 해도 된다. 내용에 따라 다르지만 일반적으로 원고지 한 매당은 1,500원에서 시작한다고 보면 된다.

교정, 교열 비용과 본문 디자인 비용

교정, 교열 비용과 본문 디자인 비용의 경우 책이 모두 디자인이 된 상태에서 페이지 당 금액을 책정한다. 보통 3교를 원칙으로 하고 있다. 필자의 경우 처음 나오는 1교(교정지)의 경우 꼭 작가분이 검토를 하도록 하고 있다. 3교에서 끝나면 좋지만 경우에 따라 4교, 5교, 6교, 7교도 진행할 수 있다.

표지 디자인 비용

표지 디자인 비용의 경우는 보통 500,000원~1,500,000원 선인데 그 이하, 그 이상도 있을 수 있다. 필자가 아는 출판사의 경우 표지 디자인 비용을 30만 원에 하고 있다. 물량이 많아서 그럴 수도 있지만, 책의 특성상 학교 교재물이기 때문일 수도 있을 것 같다.

표지 디자인의 경우 가격도 저렴하고 디자인도 잘 나오는 외주업체를 확보하는 것이 가장 좋겠다.

2

외주업체 또는 외부 프리랜서와 상생하는 길

출판사 업무 중 외주를 가장 많이 주는 업무는 교정, 교열과 본문 디자인, 표지 디자인 부분이다. 신규로 외주업체를 구해야 하는 경우에는 가장 먼저 확인할 것이 있다. 자신의 출판사에서 나오는 분야와 비슷한 분야의 책들을 작업해본 경험이 있느냐는 것이다. 그 다음이 단가 정하기이다. 즉 단가 협상이다.

첫 만남을 계속 유지시키는 첫 단추가 단가 협상이라고 생각한다. 처음 만나는 외주업체에 처음부터 단가 부분에 대한 이야기를 하고 넘어가자. 외주업체의 어떤 분은 단가가 중요하냐며 원하는 단가에 맞추어 준다고 했다. 그래도 상호거래를 하면서 적당한 단가로 간단한 계약서 한 장은 남겨두었다.

지업사, 인쇄소, 제본소 등에서 보내주는 청구서가 간혹 잘못된 금액이 올라오는 경우가 있다. 각 업체마다 단가가 조금씩 다르기 때문이다. 사람이 하는 일이다 보니 실수가 있다. 그러므로 외주업체와의 간단한 계약서 작성은 꼭 필요한 절차이다. 그것이 있으므로해서 잘못 청구된 금액을 발견할 수 있는 것이다.

매년 어려워지는 출판환경에서 출판사는 비용을 절감해야하고 외주업체는 적당한 비용을 받아야 한다. 서로 상생(相生)하는 길은 대화와 타협이라고 생각한다. 어려운 문제는 대화로 풀고 부딪치는 문제는 타협점을 찾아서 슬기롭게 해결하자.

문득 갑과 을의 이야기가 생각난다. 어느 지인의 실제 있었던 실화이다.

K씨는 한때 잘나가는 출판사에서 근무를 했었다. 근무 당시 제작업체 담당자들로부터 식사요청을 매번 받았다고 한다. K씨는 공정한 일처리를 위해 인간적으로 친한 제작업체 담당자 외에는 절대로 식사를 하지 않았다고 한다.

신간을 제작할 때 보통 1주일 안에는 모든 제작이 완료되었다고 한다. 빠른 것은 4일 정도에 모든 작업이 완료된 적도 있었다고 한다. K씨는 자신이 일을 대단히 잘하는 줄 알았다고 한다.

세월이 흘러 K씨는 출판사를 창업했다. K씨는 창업과 동시에 그동안 매번 연락이 오던 거래처 담당자들의 전화가 한 통도 오지 않았다고 한다. 심지어 신간 제작 시 빨라야 1주일 정도가 걸리고 보통 10일 정도는 지나야 신간이 제작되었다고 한다.

출판사 근무시절에는 사장에게 고용된 을이지만 제작업체에서는 갑과 같은 대우를 받았다면 본인이 하는 출판사에서는 분명 자신이 갑인데 을과 같다는 생각을 한다고 했다. 이 말을 같이 듣고 있던 모출판사 대표님이 이렇게 말을 했다.
"기름이 빠지고 있는 중이다."라고 말이다.

지금 갑이라고 하더라도 을이 될 수 있고 지금은 을이지만 갑이 될 수도 있다. 마음속 깊이 새겨야 할 것은 상생(相生)이라는 단어이다.

사업을 하다보면 모든 부분에서 이익을 낼 수는 없다. 모든 부분에서 이익을 낸다면 얼마나 좋겠는가? 이익을 보는 것이 있으면 손해를 보는 것도 있다. 100% 이익만 보려고 하다 보면 사람도 잃고 돈도 잃는다.

사업 초기 모든 부분에서 신중하게 업무처리를 해야 한다. 그동안 자신이 해온 일들이 모두 맞았다고 생각하고 앞뒤 가리지 않고 일을 진행하면 실수를 한다.
제작업체나 프리랜서와의 인연도 그렇다. 자신이 직장에 있을 때의 위치와 사업을 시작했을 때의 자신의 위치는 다르다. 그러므로 원칙을 지켜가면서 업무처리를 하자. 그 첫 단추가 상호협의를 거친 제작계약서 또는 제작단가표의 작성이다.

Power Tip 출판사 업무 분석

이 책을 읽는 독자 중 출판사의 업무구조가 궁금한 분이 있을 수도 있겠다는 생각을 했다.

모든 출판사들이 다음과 같은 업무 분장을 하고 있는 것은 아니다. 인원이 많은 곳은 각 부서의 구별이 뚜렷할 것이고 인원이 상대적으로 적은 곳은 한 사람이 업무를 대신 맡거나 나누어서 일하고 있다.

항목	업무내용
대표(사장)	회사 전체를 관리, 감독하고 그에 대한 책임을 진다.
편집장 (또는 주간)	편집부 전체를 총괄하고 사장과 직원들을 이어주는 역할을 한다.
편집부	작가에게 받은 원고를 디자이너에게 넘기기 전단계의 일을 한다. 편집자의 생각에 따라 책의 여러 꼴들이 결정된다.
기획부	규모가 있는 출판사에서는 독립적인 부서로 되어 있으며 책의 전반적인 기획을 한다. 보통 중소출판사에서는 편집부에서 이 역할을 함께 담당한다.
디자인부	책의 본문 및 표지 디자인을 담당한다. 외주 디자인을 의뢰하는 경우 외주 디자인업체를 관리한다.
마케팅부	책의 판매와 홍보를 하는 부서로 최근 온라인 마케터들이 늘고 있다. 오프라인 수금, 온라인 이벤트 진행 등 책의 마케팅과 홍보를 주로 담당한다.
인터넷사업부	회사의 홈페이지 관리를 하는데 규모가 작은 회사에서는 별도로 운영하지 않는다.
제작부	책의 제작 업무를 진행하는데 규모가 작은 회사에서는 편집부 또는 디자인부에서 함께 하고 있다. 제작부에서는 책의 종이 입고, 인쇄소 및 제책소 등을 선정해서 책을 만들고 물류에 입고시키는 일을 한다.
경리(총무)부	직원들 급여, 각종 세무 신고, 입사 및 퇴사 등에 따른 일들을 처리한다. 외주를 주고 있는 세무사 사무실과 업무 협조를 주로 담당하고 있는 부서이다.

3

PDF 파일과 CTP 출력 이야기

한때 필름을 검판한 후 인쇄소에 넘기면 인쇄소에서 PS판으로 제작해서 인쇄를 했던 적이 있다. 불과 몇 년 전 이야기인데 까마득한 옛날이야기 같다.

CTP 출력 시스템의 등장으로 필름으로 검판을 보던 시스템이 PDF로 검판을 보는 시스템으로 바뀌게 되었다.

초창기 CTP 출력은 편집부 직원들에게 생소한 일이었다. 그리고 필름 출력업체에서 CTP 출력을 부정적으로 이야기했다. 당시 CTP 출력 전 프린트 출력물을 받아서 그것으로 교정을 본 후 이상이 없으면 CTP 출력을 진행했었다. 조금 더 발전을 해서 인디고를 이용한 샘플북을 제작한 후 그 책자로 교정을 봤다.

CTP 출력은 CTP 출력만 하는 출력소 또는 CTP 출력과 인쇄를 동시에 하는 인쇄소로 나눌 수 있다.

CTP 출력 시 출력소나 인쇄소 웹하드에 올린 최종본 PDF 파일을 CTP 출력용 PDF 파일로 변환을 한 후 다시 다운로드를 해서 보아야 한다.

매우 중요한 작업이다.

필자의 경우 그렇게 확인한 출력용 PDF에서 다음과 같은 점을 발견했었다.

목차의 숫자나 페이지 번호가 깨지거나 진하게 나오는 경우가 있었고 박스의 선이 깨지는 경우가 있었다.

그런 부분들은 필자가 출력소 웹하드에 올린 PDF 파일에서는 정상적으로 보였는데 출력소에서 출력용 PDF 파일로 변환을 한 후에 그런 오류들이 보이는 것이었다. 그래서 CTP 출력용 PDF 파일을 꼭 확인해야 한다. 인쇄를 하게 되면 출력소의 출력용 PDF의 화면처럼 인쇄가 되기 때문이다. 항상 문제는 출판사에게 올린 PDF 파일이 문제가 되는 경우가 많다. 그러므로 그 파일을 수정해서 출력소 웹하드에 다시 올려야 한다.

CTP 출력 시스템에서 가장 좋은 방법은 다음과 같이 진행하는 것이다(보통 출력소에서는 데이터를 웹하드를 통해서 받는다).

1. 최종 PDF 원고를 거래처의 웹하드(http://www.webhard.co.kr/)에 올린다.
2. 출력소 담당자가 출력용 PDF 파일로 변환했는지 확인한다.
3. 출력소 웹하드에 있는 출력용 PDF 파일을 다운로드 받는다.
4. 이상이 있는지 출력용 PDF 파일로 교정본다.
5. 이상이 없으면 CTP 출력을 진행시킨다.
   이상이 있으면 최종 PDF 원고를 수정 후 다시 올린다.

Power Tip: CTP에 대하여

CTP(Computer To Plate)는 컴퓨터에서 인쇄용 PS판으로 출력을 보내어 인쇄판을 만드는 방식을 말한다. 그러므로 CTP로 인쇄를 할 경우 필름 출력을 하지 않아도 된다.

CTP로 인쇄를 할 경우 필름 출력을 하지 않으므로 필름 가격이 절감된다. 필름으로 검판을 보는 대신 디지털 프린트기를 이용한 샘플북으로 인쇄물의 내용을 수정해야 한다. 그러므로 샘플북 1부의 가격을 잘 따져보아야 한다. 샘플북을 제작하지 않고 PDF 파일만 잘 확인하고 CTP 출력을 진행해도 된다.

다음의 작업 공정을 보면 바로 이해가 될 것이다.

순서	[필름 출력]	[CTP 출력]
	작업 공정 순서도	
1	원고 작성 완료 및 편집 작업 완료	원고 작성 완료 및 편집 작업 완료
2	필름 출력 의뢰	〈생략〉
3	필름 검판 작업	인디고로 만든 샘플북으로 검판 작업 〈생략 가능〉
4	필름 수정 및 인쇄 작업 의뢰	디지털 교정 및 인쇄 의뢰
5	필름 터잡기(통 필름은 생략)	〈생략〉
6	PS판 소부 작업	PS판 소부 작업
7	인쇄 작업 시작	인쇄 작업 시작
8	가제본 확인	가제본 확인

4

표지 시안을 최종적으로 확정하는 길

책의 얼굴인 표지 디자인의 확정은 책을 만드는 가장 마지막 단계에 고민하는 작업이다. 본문 디자인이 확정되어 진행 중일 때 주로 표지 시안 작업에 들어간다. 표지 시안의 경우 보통 3개 정도를 만들고 그중에서 선택을 한 후 다시 수정 작업을 거친다.

최근 만든 책의 표지를 예를 들어 설명하겠다.

1단계

북디자이너의 개성을 살려 자유롭게 표지 시안 3개를 만든다. 작업 전에 표지의 제목과 문구들을 넘겨두자.

▲표지 시안 1단계 화면

2단계

북디자이너에게 받은 3개의 표지 중 하나를 선택한다. 그 표지를 가지고 조금씩 다르게 변화를 준 시안을 받는다. 2단계 시안 작업 중 책의 제목이 변경되었다.

▲ 표지 시안 2단계 화면

3단계

2단계 시안 중 두 번째 시안을 선택한 후 제목 글자의 크기를 조정하고 마무리했다.

▲ 표지 시안 3단계 화면

4단계(확정)

표지 앞면의 시안이 확정되면 표지 뒷면의 디자인도 자동으로 전해진다. 표지 뒷면에 들어갈 문구들과 표지 날개에 들어갈 내용들이 모두 잘 들어갔는지 확인한다. 그리고 ISBN과 도서의 정가가 모두 맞는지도 확인한다.

▲표지 시안 4단계(확정) 화면

▲3D 표지 샘플 화면

Power Tip 어떤 프로그램으로 편집, 디자인을 할 것인가?

요즘은 대부분 인디자인(InDesign)이라는 레이아웃 프로그램으로 표지, 본문을 디자인하고 있다. 필자가 출판사에 근무하던 시기에는 대부분 쿽 익스프레스(Quark Xpress)라는 프로그램을 사용했었다. 참고로 출판 레이아웃 프로그램으로는 인디자인(InDesign), 쿽 익스프레스(Quark Xpress)와 페이지 메이커 (Page Maker)가 있다.
인디자인(InDesign)은 어도비사에서 출시한 레이아웃 프로그램 중 가장 디자이너가 원하는 부분을 배려한 프로그램이라고 한다.

지금부터의 내용은 필자의 요청으로 인디자인 슈퍼테크닉 노트 CS6/CC(채움북스) 책의 저자인 윤고선 작가의 인디자인에 대한 생각을 정리한 내용이다.

편집 프로그램의 세계적인 표준 인디자인

인디자인(InDesign)은 포토샵으로 유명한 어도비사에서 개발한 전문가용 편집 프로그램이다. 예전에는 쿽 익스프레스라는 프로그램을 주로 사용했지만, 현재는 인디자인이 그 자리를 대신해 표준으로 사용되고 있다.
익숙하고 대중적인 워드프로세서(MS워드, 아래한글 등)를 놔두고 굳이 인디자인을 사용해 작업을 하는 이유는 다음과 같다.

① (작성된 원고를 독자에게 쉽고 정확하게 전달하기 위해)텍스트와 이미지를 섬세하고 정교하게 배치할 수 있는 다양한 기능을 제공한다.
② 인쇄에 맞는 이미지 형식과 인쇄 과정에 필요한 여러가지 요구사항을 만족시킬 수 있어 고품질의 인쇄물을 만들기가 수월하다.

③ 어도비의 다른 프로그램(포토샵, 일러스트 등)과 높은 호환성을 자랑한다.
④ 인쇄물뿐만 아니라 ebook 형식으로도 출력이 가능하기 때문에 도서와 전자책을 한번에 작업할 수 있다.

즉 스마트폰 카메라보다는 밀러리스 혹은 DSLR 카메라가 더 좋은 품질의 사진을 찍을 수 있는 것처럼, 섬세하고 정교한 편집이 필요한 도서를 만들고 싶다면 인디자인을 사용하는 것이 좋다.

5

표지를 정말 잘 만들고 싶다면

표지를 잘 만든다는 것의 기준은 없다. 책임 편집담당자의 마음에 들면 그것으로 진행이 된다. 아니면 사장의 마음에 들면 통과가 된다.

출판사 근무시절 표지 시안이 나왔는데 사장만 1번이고 직원들은 2번 또는 3번이 좋다고 한 표지가 있었다. 3번보다는 2번이 좀 더 많았다. 이 책의 표지는 1번으로 정해졌던 기억이 난다. 표지의 선택은 책임을 지는 사람에 의해서 대부분 결정이 난다고 본다.

표지를 정말 잘 만들고 싶다면 우리는 무엇을 해야 할까?

가장 먼저 표지에 들어갈 내용(문구, 텍스트 자료)들을 준비하는 것이다. 표지에 들어가는 내용에는 헤드카피, 바디카피, 서브카피로 나누어진다. 헤드카피만 있고 바디카피와 서브카피가 있거나 없을 수도 있다.

앞표지 내용 샘플

(누구나 배울 수 있는)
영어 작문 프로젝트 1

영어, 작문으로 시작합시다.
(WRITING & SPEAKING)
한국어와 영어의 비교원리를 이해합니다.
(차이를 알아야 활용할 수 있다)
E-MAP을 활용합니다.
(문법은 MAP 속에)

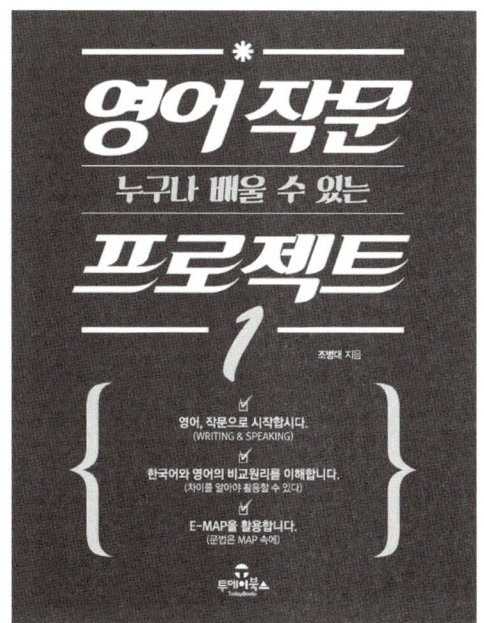

▶ 앞표지 디자인이 된 화면

뒤표지 내용 샘플

오늘도 펜을 잡으신 여러분! 매일 즐겁게 캘리하세요!

우리 주변에서 접할 수 있는 붓으로 표현하는 서예, 누구나 그리고 어디에든 표현할 수 있는 펜, 이 두 가지의 특성을 함께 담고 있는 붓펜으로 학습할 수 있는 캘리그라피 연습법을 이 책에서 소개합니다.

이 책에서 알려드리는 정보는 캘리그라피를 학습하고 접하는 데에 있어서 아주 작은 일부에 불과하다고 생각합니다. 글씨를 예술적으로 아름답게 표현하는 데에 정형화된 연습법과 다양한 이론이 있지만, 가장 중요한 것은 글씨를 표현하는 당사자의 마음과 내재적 의미를 잘 표현하는 것이라고 생각합니다.
어떠한 펜이라도 좋습니다. 반드시 붓과 붓펜이 아니어도 좋습니다. 주변에 있는 볼펜, 연필 등 문자와 그 내용을 표현할 수 있는 어떠한 도구라도 표현하고자 하는 내용을 더욱 아름답게 나타내고 많은 대중들이 공감할 수 있게 한다면 누구나 멋진 캘리그라피 작가가 될 수 있다고 생각합니다.

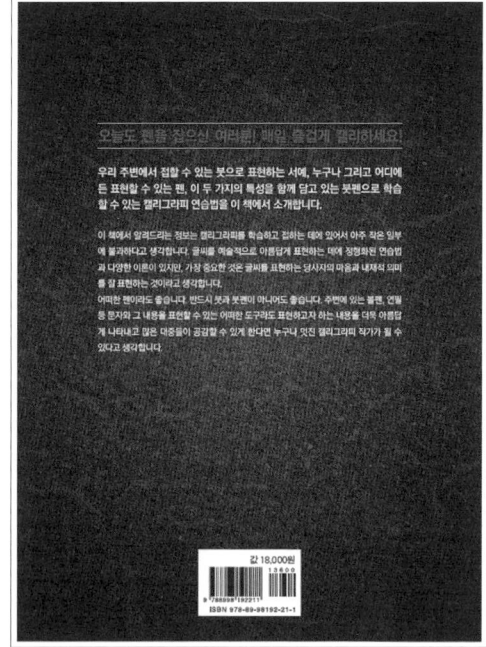

▶뒤표지 디자인이 된 화면

앞표지나 뒤표지에 들어갈 내용을 만든다는 자체가 힘든 작업이다. 필자가 출판사 근무시절 어떤 책은 4명의 인원이 한 달간 수시로 회의를 하면서 내용을 결정한 적도 있다.

독자들이 보기에는 간단할 것 같은 내용이지만 출판사에 근무하는 사람들에게는 매우 중요한 작업이다. 쉽게 풀릴 때도 있지만 꼬이면 한정 없이 꼬이기도 한다.

필자의 경우에는 이러한 내용들을 작가가 적어준 머리말에서 발췌해서 결정하거나 작가로부터 들어갈 내용을 별도로 받아서 사용한다. 그 이유는 작가가 책에 대한 내용을 가장 좋게 요약할 수 있는 사람이기 때문이다. 어설프게 내용을 만드는 것보다는 낫다고 생각한다.

6

디자이너가 꼭 알아야 할 도서 판형별 표지 절수

디자이너가 꼭 알아야 할 도서의 판형들은 몇 가지가 되지 않는다. 정해진 몇 가지 판형에서 가로, 세로의 사이즈가 변해 변형판이 되는 것이다.

주로 많이 제작되는 판형에는 신국판, 46배판, 크라운판, 국배판, 46판이 있다.

다음의 판형별 표지의 절수에 대해서 알아보겠다.

표지 용지로 사용되는 종이에는 국전지(636mm×939mm /63.6cm×93.9cm)와 46전지(788mm×1,091mm / 78.8cm×109.1cm)가 있다.

◆ 책의 판형별 표지 절수

종이 종류	내 용	비고
국전지 (636mm×939mm) (63.6cm×93.9cm)	46배판을 국전지에 **3벌** 안칠 수 있다.**(종이결 종목)**	날개가 **있는** 경우
	46배판을 국전지에 **4벌** 안칠 수 있다. **(종이결 횡목)**	날개가 **없는** 경우
	46판은 국전지에 **6벌** 안칠 수 있다. **(종이결 종목)**	날개가 **있는** 경우
	46판은 국전지에 **8벌** 안칠 수 있다.**(종이결 종목)**	날개가 **없는** 경우
	국배판의 경우 **4벌** 안칠 수 있다. **(종이결 횡목)**	날개가 **없는** 경우
46전지 (788mm×1,091mm) (78.8cm×109.1cm)	**신국판** 또는 **국판**의 경우 6벌 안칠 수 있다. **(46 2절에 3벌씩, 종이결 횡목)**	날개가 **있는** 경우
	신국판 또는 **국판**의 경우 8벌 안칠 수 있다. **(46 2절에 4벌씩, 종이결 종목)**	날개가 **없는** 경우
	국반판은 **12벌** 안칠 수 있다. **(46 2절에 6벌씩, 종이결 종목)**	날개가 **있는** 경우
	국반판은 **16벌** 안칠 수 있다. **(46 2절에 8벌씩, 종이결 횡목)**	날개가 **없는** 경우

국전지로 인쇄할 수 있는 판형의 표지는 46배판, 46판이고 46전지로 인쇄할 수 있는 판형의 표지는 신국판, 국반판이다.

국전지로 표지 제작

국전지(636mm×939mm / 63.6cm×93.9cm)로 46배판의 표지를 작업하는 경우 표지에 날개가 있는 경우에는 국전지에 3벌로 작업이 된다. 표지에 날개가 없는 경우에는 국전지에 4벌로 작업이 된다.

종이결의 경우 국전지에 3벌인 경우에는 종이결이 종목이 되고 국전지에 4벌인 경우에는 종이결이 횡목이 된다.

다음은 국전지에 46배판 표지를 3벌(날개가 있는 경우) 작업한 것과 국전지로 46배판 표지를 4벌(날개가 없는 경우) 작업한 것이다.

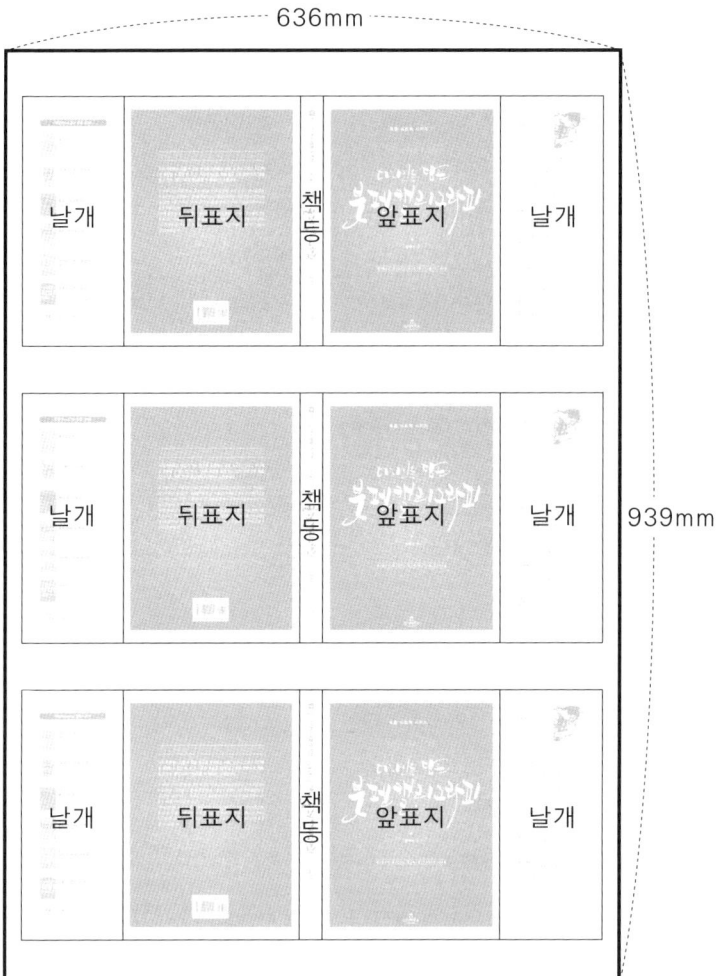

▲국전지에 46배판 표지를 3벌(날개가 있는 경우) 작업한 화면

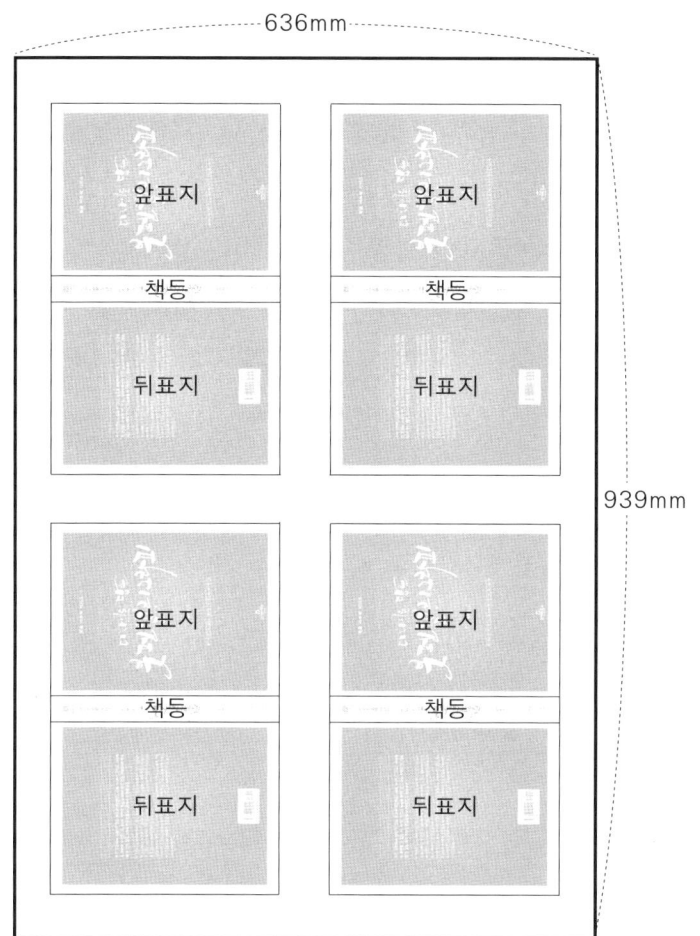

▲국전지에 46배판 표지를 4벌(날개가 없는 경우) 작업한 화면

  참고로 국전지(636mm×939mm / 63.6cm×93.9cm)로 46판의 표지를 작업하는 경우 표지의 날개가 있는 경우에는 국전지에 6벌로 작업이 된다. 표지에 날개가 없는 경우에는 국전지에 8벌로 작업이 된다.

  종이결의 경우 국전지에 6벌인 경우에는 종이결이 횡목이 되고 국전지에 8벌인 경우에는 종이결이 종목이 된다.

46전지 2절로 표지 제작

46전지(788mm×1,091mm / 78.8cm×109.1cm) 보다는 46전지 2절(788mm×545.5mm / 78.8cm×54.55cm)로 인쇄를 많이 한다.

46전지 2절로 신국판(국판)의 표지를 작업하는 경우 표지의 날개가 있는 경우에는 46전지 2절에 3벌로 작업이 된다(46전지 일 때는 6벌). 표지에 날개가 없는 경우에는 2절에 4벌로 작업이 된다(46전지 일 때는 8벌).

종이결의 경우 46전지 2절에 3벌인 경우에는 종이결이 횡목이 되고 46전지 2절에 4벌인 경우에는 종이결이 종목이 된다.

다음은 46전지 2절에 신국판(국판) 표지를 3벌(날개가 있는 경우) 작업한 것과 46전지 2절 신국판(국판) 표지를 4벌(날개가 없는 경우) 작업한 것이다.

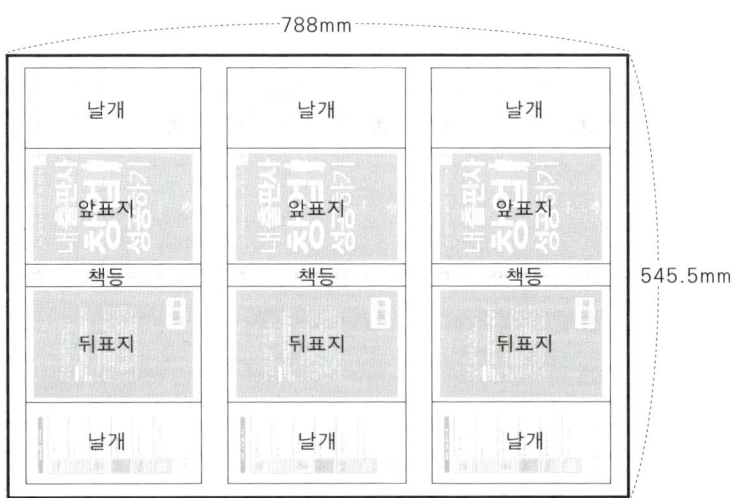

▲46전지 2절에 신국판(국판) 표지를 3벌(날개가 있는 경우) 작업한 화면

▲46전지 2절에 신국판(국판) 표지를 4벌(날개가 없는 경우) 작업한 화면

　참고로 46전지 2절(788mm×545.5mm / 78.8cm×54.55cm)로 국반판 표지를 작업하는 경우 표지의 날개가 있는 경우 46전지 2절에 6벌로 작업이 된다(46전지일 때는 12벌). 표지에 날개가 없는 경우에는 46전지 2절에 국반판 표지를 8벌로 작업할 수 있다(46전지일 때는 16벌).
　종이결의 경우 46전지 2절에 6벌인 경우에는 종이결이 종목이 되고 46전지 2절에 8벌인 경우에는 종이결이 횡목이 된다.

에피소드 4 표지 디자인의 수준

책을 만들 때마다 책표지를 결정할 때 가장 많은 고민을 한다.
본문 원고의 경우 교정/교열 담당자의 손을 거쳐 적당한 디자인으로 작업을 하면 된다. 표지의 경우에는 그 책의 얼굴이기에 고민이 많다.
너무 잘 만들려고 해서 문제이다. 그래서 표지에 좀 더 신경을 썼다. 그 결과는 신경을 안 썼을 때와 동일했다.
필자의 출판사 책들은 표지의 문제가 아니라는 결론을 내렸다. 그래서 베스트셀러 책들의 표지를 보면서 연구를 해보았다. 책표지가 좋아서 베스트셀러가 된 것 같지는 않았다.
이왕이면 책표지 디자인이 좋으면 좋겠지만 그 수준에 도달하기에는 필자의 눈이 너무 낮다.
필자의 눈이 낮다는 것을 깨닫는 순간 오히려 마음이 홀가분해졌다. 굳이 필자가 표지를 선택할 필요가 없다는 것이다.

그 순간부터 페이스북을 활용하기 시작했다.
디자이너에게 받은 표지 시안들을 페이스북에 올리고 페이스북 친구들의 선택을 기다렸다. 필자가 생각지도 못했던 조언들을 조합해서 표지를 완성시켰다.
모든 책들을 그렇게 만드는 것은 아니다. 간혹 결정을 못하는 경우가 생긴다. 그때만 이용했다.
페이스북 친구들이 보기 좋다는 표지는 미래의 독자들이 선택한다고 생각을 하면 된다. 요즘은 더 나아가 결정을 못하는 책 제목도 올려두고 의견들을 수렴한다. 수렴한 의견들을 잘 조합하면 적당한 책 제목을 결정할 수 있다.
표지 디자인의 수준은 보는 사람에 따라 천차만별(千差萬別)이다. 그래서 본문 내용에 더 힘을 쏟으려고 한다. 열심히 만든 책을 독자들은 좀 알아주지 않을까?

Power Tip 디자인 작업의뢰서 활용하기

디자이너에게 외주 작업을 넘기기 전에 [디자인 작업의뢰서]를 작성해 보자. 이번에 만들 책에 대한 전반적인 작업 내용을 정리해서 전달하는 문서이다.

디자인 작업의뢰서

항목	내용	비고
도서명	문장 다이어트 레시피	북즐활용시리즈 09
부제	없음	
판형 및 책 사이즈	신국판(152mm*225mm)	표지날개사이즈 : 9.5cm ---〉 10cm로 변경.
본문 작업 도수	2도	그린라이트 100g 예상
표지 작업 도수	4도	후가공 : 가죽무늬
특징	예상 가격 : 12,000원	

작업 요청 내용

1. 표지 디자인
   - 제목은 확정입니다.^^ / 본문 종이가 정해지면 세네카 알려드려요.

2. 본문 디자인
   - Part 1 ~ Part 3의 본문에 **붉은 색상**으로 된 부분은 별색 처리를 해야 하는 부분입니다(부록도 동일).
   - 본문 별색 : 추후 의논(미팅 시)

3. 판권 부분 변경
   - 교정, 교열 : 홍길동

4. 추후 전송
   1) 표1쪽 날개 : 작가 약력.hwp
   2) 표4쪽 날개 : 날개 광고.hwp
   3) 본문에 들어갈 머리말 1, 표4 문구

■ 전송일 : 20XX년 XX월 XX일

제5장

출판경영 성공노트

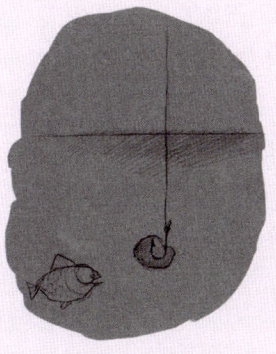

출판사에 근무하는 출판인이나 출판사를 경영하는 출판사 대표들이 꼭 알아야 할 출판관련 경영정보 및 세무정보들을 담았다. 가장 기본이 되는 내용들이다.
자신이 알고 일을 시키는 것과 자신이 모르고 일을 시키는 것은 하늘과 땅 차이이다. 직원이 많아져서 업무를 나누더라도 일단 자신이 먼저 알자.

북즐(BookZle) 활용 시리즈 10
출판 고수 정리노트

1

작가와 계약 시 계약금은 어떻게 할까?

작가와 출판권 설정 계약을 할 때 정해진 계약금의 금액은 없다. 그래서 여기서는 필자의 경험에서 얻은 계약금 금액을 제시해 보려고 한다.

출판사 사업 초기 계약금을 100만 원으로 책정을 하고 집행을 했었다.

다음의 두 가지로 인해 그 금액을 날릴 수 있다는 생각을 하게 되었다.

> 1) 작가와 계약을 했는데 출판사의 사정으로 인해 책을 출간할 수 없는 경우
> 2) 작가로부터 받은 최종 원고를 아무리 고쳐도 출간을 할 정도의 수준이 안되어 출판사가 출간을 포기하는 경우

이상의 경우 출판사는 계약금을 돌려받을 수 없다. 배려심이 많은 작가라면 계약금을 돌려주겠지만 돌려주지 않아도 출판사는 요구할 수 없는 경우이다.

그래서 생각해낸 금액이 30만 원과 50만 원이다.

계약금 30만 원의 경우 이상의 2가지 경우라고 하더라도 감수할 수 있는 정도의 금액이라고 생각한다. 50만 원의 경우에는 작가를 믿어보는 경우라고 생각한다.

현재 필자의 경우 작가들과의 계약 시 대부분 계약금 30만 원으로 계약을 하고 있다.

> 1) 출판사의 사정으로 출간을 못하는 경우는 작가에게 미안한 경우이기 때문에 출판사는 더 이상 할 말이 없다.
> 2) 최종 원고를 아무리 고쳐도 출간을 할 정도의 수준이 안되는 경우를 대비해서 계약 전 목차와 1~2꼭지의 원고는 받아서 먼저 검토한다. 효과가 있다. 특히 강연을 잘하는 저자를 섭외한 경우 그 사람의 필력(筆力)을 체크해 볼 수 있어서 좋다.

계약 시 계약금의 금액도 중요하지만 가장 중요한 것은 상호 간에 신뢰를 바탕으로 한 약속의 이행이라고 생각한다.

필자가 출판사를 경영하면서 계약 전부터 이런저런 요구 사항이 많은 작가의 경우 끝까지 문제가 되었다. 본인의 책이 잘 나가지 않아 출판사가 그만큼의 재고를 가지게 되는 부분에 대해서는 관심이 없어 보였다.

출판권 설정 계약서에는 작가가 계약을 어길 시 출판사에 지급해야 하는 위약금이라는 것이 있다. 하지만 계약서상에 존재할 뿐 실질적으로 그 부분을 적용시키는 출판사는 거의 없을 것 같다. 그러므로 계약금이 많다고 받을 위약금이 많은 것은 아니다.

출판권 설정 계약 시 출판사가 부담 없이 지급해 줄 수 있는 금액이 출판사 입장에서의 착한 계약 금액이라고 생각한다.

간혹 계약금 100만 원을 요구하는 작가도 있다. 이런 경우 자신의 상황을 잘 설명하고 계약금은 30만 원이나 50만 원으로 할 것을 요청해보자.

이런 일이 있었다. 작가가 계약금을 100만 원을 요구해서 잘 설득하여 30만 원으로 계약을 했다. 원고의 탈고일에 원고가 아직 안 되었다고 하면서 한 주를 미루었다. 4번 정도 탈고 일을 미룬 뒤 원고를 기획한 의도대로 쓸 수 없다고 하며 계약금을 돌려주었다.

원칙대로 한다면 출판사는 작가에게 계약 위반에 대한 위약금을 청구할 수 있다. 평소 알고 지내는 분이라 계약금만 돌려받고 마무리했다. 그동안 그 책에 대한 공백 기간이 생긴 것은 출판사 입장에서는 눈에 보이지 않는 손실이다. 다시 작가를 섭외해야 하고 원고 탈고일까지 기다려야 하기 때문이다.

출판사를 경영하다 보면 계약은 했는데 원고를 탈고하지 못하고 계약을 파기하는 경우가 간혹 있다. 필자의 경우도 예외는 아니다. 그런데 이상하게도 그렇게 하는 작가들은 모두 평소 알고 지내던 사람들이다.

2

작가에게 인세 지급 시 주의사항들

작가에게 인세를 지급한 경우 원천징수를 해야 비용으로 인정이 된다.

작가에서 계약금을 준 경우 원천징수(출판사가 소득금액에서 3.3%를 차감한 후 매달 10일 전에 처리)는 작가에게 줄 최종 금액이 나오면 함께 처리하면 된다.

작가에게 지급할 금액에서 차감한 3.3% 중 3%는 소득세로 납부를 하고 0.3%는 주민세로 납부를 한다. 소득세는 국세여서 국세청 홈택스(http://www.hometax.go.kr)를 이용하여 납부를 하고 주민세는 지방세여서 행정자치부 지방세 포털인 위택스(http://www.wetax.go.kr)를 이용하여 납부하면 된다.

다음과 같이 신고할 내용이 있다고 하자.

- 총지급액 : 3,123,000원
- 소득세(3%) : 93,690원(3,123,000원×3%)
- 주민세(0.3%) : 9,360원(3,123,000원×0.3%, 원단위 절사)

총지급액에서 3% 금액인 93,690원이 소득세로 납부할 금액이고 총금액에서 0.3% 금액인 9,360원이 주민세로 납부할 금액이다. 여기서 원단위는 절사한다. 즉 9,369원에서 9원을 절사한 후 9,360원만 납부하면 된다.

예를 들어 보자.

작가와 계약 시 계약금을 50만 원 주었다고 하자.

책이 나온 후 작가에게 줄 돈이 총 300만 원이라고 한다면 3,000,000원 × 3.3% = 99,000원이다. 여기서 소득세는 90,000원이고 주민세는 9,000원이다. 즉 3,000,000원 × 3% = 90,000원이고 3,000,000원 × 0.3% = 9,000원이다.

3,000,000원 − 99,000원(원천세) = 2,901,000원(계산상 지급액)

3,000,000원 − 500,000원(계약금) − 99,000원(원천세) = 2,401,000원만 지급하면 된다.

여기서 원천세 신고 시 총지급 금액은 3,000,000원이 되고 소득세는 90,000원이 되고 주민세는 9,000원이 된다.

다시 정리하면 다음과 같다.

> 3,000,000원의 3% = 90,000원(소득세)
> 3,000,000원의 0.3% = 9,000원(주민세)
> 3,000,000원(작가 인세) − 500,000원(계약금) − 99,000원(원천세)
> = 2,401,000원(실지급액)

소득세는 홈택스, 주민세는 위택스

　소득세와 주민세를 매월 신고하는 경우 전월 1일부터 전월 31일까지의 발생분은 당월 10일까지 신고 및 납부를 하면 된다. 예를 들어 5월 1일부터 5월 31일까지 처리한 부분에 대해서는 6월 10일 전에 소득세 및 주민세를 신고 및 납부해야 한다.

◀ 홈택스 초기화면

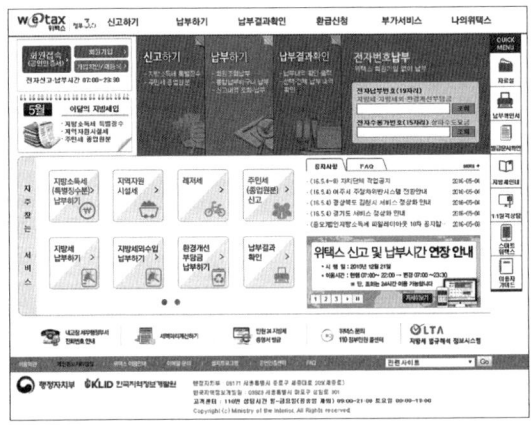

◀ 위택스 초기화면

3

작가와 출판권 설정은
어떻게 하는 것이 좋은가?

[출판권 설정 계약서]는 한국출판문화산업진흥원(http://www.kpipa.or.kr) 홈페이지에서 다운로드 받을 수 있다.

작가와 계약 시 체크해야 할 사항들 중 전자책 계약, 계약기간, 인세 지급시기, 해외 수출 부분에 대한 4가지 사항들에 대해서 알아보려고 한다.

전자책 계약

출판사 입장에서 전자책 계약은 [출판권 설정 계약서]를 계약할 때 동시에 하는 것이 좋다. 전자책 계약을 추후에 하는 경우도 있다.

필자의 경우 어떤 작가분과 종이책에 대한 계약 시 전자책은 추후에 하기로 했는데 종이책이 나오고 나서 작가분이 다른 곳에서 전자책 계약을 한다고 한 경우가 있다. 그 책은 계약 만료일이 많이 남아 있었지만 계약을 파기한 적이 있다. 물론 남은 재고도서는 계약 만료일까지 판매를 하는 조건으로 했던 경우가 있다. 그러므로 종이책 계약 시 전자책도 함께 계약을 하자.

계약기간

출판사 입장에서 계약기간이 길면 좋다. 하지만 그것을 원하지 않는 작가의 경우에는 보통 5년 정도로 하고 있다.

필자가 운영하는 출판사의 경우 출간한 책들이 시리즈가 많다. 그래서 작가와 계약 시 주로 10년으로 한다. 왜냐하면 첫 번째 책이 나오고 나서 다섯 번째 책이 나오기까지 시간이 많이 소요된다. 시리즈인데 첫 번째 책의 계약기간이 끝나서 더 이상 재판을 제작할 수 없다면 완전한 시리즈의 형태가 되기 어렵기 때문이다. 시리즈의 경우 그 특수성을 이야기한다면 작가들도 충분히 협조를 해준다.

인세 지급시기

출판사 입장에서 작가와의 인세 정산은 곧 신뢰(信賴)로 이어지기 때문에 매우 중요하다. 보통 초판 1쇄의 경우 판권에 있는 날짜를 기준으로 한다. 예를 들어 초판 1쇄 날짜가 5월 1일~5월 31일 사이로 되어 있다면 다음 달인 6월 25일~6월 30일 사이에 작가 인세를 지급한다.

> ■ **작가 인세 산출 방법**
> 책정가가 15,000원이고 저자 인세가 8%, 제작부수가 2,000부인 경우
> [(15,000원 × 8%) × 2,000부]
> = 1,200원 × 2,000부
> = 2,400,000원

해외 수출

출판사 입장에서 작가와 계약 시 해외 수출 부분에 대해서도 함께 계약을 하면 좋다. 책을 출간한 후 반응이 좋아서 미국, 일본, 중국 등에 수출을 해야 하는 경우에 도움이 된다. 국외로 책의 판권을 수출하는 경우 에이전시 업체에 국내에서 나온 책을 넘겨주면 된다. 그러면 에이전시 업체에서 해당 국가로 판권 수출을 타진해 준다.

국내 에이전시, 해외 에이전시 등의 정보는 한국출판문화산업진흥원(http://www.kpipa.or.kr) 홈페이지에 있는 [출판수출지원센터]에서 확인하면 된다.

▲[한국출판문화산업진흥원]의 [출판수출지원센터] 화면

4

작가와 이별은
어떻게 하는 것이 좋은가?

작가와 계약 시 출판권 설정 계약을 했듯이 작가와 계약이 만료되거나 그 전에 문제가 발생해서 출판권 설정을 해지해야 하는 경우에는 [출판권 설정 해지 계약서]를 작성해야 한다.

작가와 처음 만날 때 좋은 책을 만들자고 만났지만 그 결과가 안 좋거나 다른 여러 가지 이유로 이별을 해야 하는 경우가 발생한다. 만남도 중요하지만 이별도 잘해야 된다. 최대한 작가의 감정을 상하지 않게 하면서 이별해야 한다.

작가로부터 [출판권 설정 해지] 요청이 왔을 때 최대한 설득을 해보고 안되면 [출판권 설정 해지]를 한다.

먼저 [출판권 설정 해지 계약서]를 작가에게 보내고 서로의 의견을 조율해야 한다. 계약서에 추가할 내용이 있으면 받아서 삽입을 시키자. 충분히 의견 조율이 되었다면 두 장을 만들어 상호 날인 후 한 장씩 보관하면 된다.

출판권 설정 해지 계약서

◆ **저작물 기본 내용**
- 도 서 명 :
- 계 약 일 :
- 도서 발간일 :

위의 저작물의 출판권 설정을 해제함에 있어서
저작권자 **홍길동(123456-1234567)을 甲**이라고 하고, 출판권자 **영영출판사를 乙**
이라고 하여 다음의 내용을 숙지하고 신의와 성실로써 준수할 것을 다짐합니다.

제 1 항 甲은 개인적인 사유로 乙에게 출판권 설정 해제를 요청하며 乙은 이를 수락한다. 재고 소진 기간은 협약일로부터 책이 모두 소진하는 날로 한다(단, 출판권 설정 계약서 상 20XX년 XX월 XX일까지 재고 소진을 한다, 이후에는 모두 폐기한다).

제 2 항 甲과 乙의 상호 협의하에 출판권 설정 해지 요청에 의하여 해지되었으며 乙은 상기 도서를 추가로 제작하지 않는다.

제 3 항 甲은 출판권 설정 해지 협약서를 수령한 후 이 책의 **표지 및 본문 디자인**을 그대로 사용할 수 없다.

제 4 항 이 협약에 명시되어 있지 않거나 해석상 이견이 있을 경우에는 저작권법, 민법 등을 준용하고 사회통념과 조리에 맞게 해결한다.

20XX년 XX월 XX일

저작권자 홍 길 동 (印)

출판권자 영영출판사 대표 김 철 수 (印)

5

신간 제작 비용 만들기

필자가 가끔 받는 질문은 책 한 권 만드는 비용이 얼마인가이다.

책 한 권을 만드는데 중요한 사항은 책의 판형, 본문 페이지, 컬러 도수, 제작부수, 제책 방법, 표지 후가공 방법, 디자인 비용 등이다. 이상의 내용들이 있어야지 정확한 제작 비용을 산출할 수 있다. 그런데 이러한 내용을 아는 분은 절대로 책 한 권 만드는 비용이 얼마인가를 묻지 않는다.

신간의 경우 최소 450만 원~1,500만 원 선이다. 경우에 따라 더 낮을 수도 있고 더 높을 수도 있다. 평균 700만 원 정도로 가정하자.

창업 초기에는 창업 자금으로 책을 만들면 된다.

보통 창업 자금을 3,000만 원~8,000만 원 정도를 가지고 한다고 가정을 해보면 그 평균이 5,000만 원이다.

창업 자금이 5,000만 원인 경우 신간을 3권~5권 정도 만들 수 있을 것이다. 그러므로 창업자에게는 3번~5번 정도의 기회가 주어지는 것이다.

3권~5권의 신간을 만들었는데 모두 판매가 부진하다면 사업을 다시 처음부터 생각해야 하는 시점으로 몰리게 된다.
　평균 수준으로 순탄하게 책이 나간다면 기존의 재고도서의 판매량에 신간도서의 판매량을 더해서 경영을 하면 된다.

신간도서의 제작 비용은 어떻게 만들 것인가?

　신간이 없는 달에는 50만 원~100만 원 정도를 별도의 통장에 저축하자. 그리고 정확한 제작 비용을 파악해서 제작을 하자. 보통 이번 달 제작한 제작 비용은 다음 달 말일에 모두 결제를 해야 한다. 제작업체에서 편의를 봐주는 경우도 있지만 나갈 비용은 언젠가는 나가야 한다. 제작업체에서 편의를 봐 준다고 해서 잔액을 남겨두고 결제를 한다면 그 금액은 나도 모르게 늘어날 것이다.
　가장 좋은 것은 이번 달 제작한 제작 비용은 다음 달 말일에 모두 처리하는 것을 원칙으로 삼자.
　예를 들어 이번 달에 신간이 2종 이상 몰리게 되면 다음 달에 제작 비용을 모두 처리하기가 힘들것이다. 자금의 여유가 있다면 몰라도 그렇지 않은 경우에는 빠듯할 것이다. 이런 경우 신간 한 권을 그 다음 달에 제작하자. 책이 출간되는 것도 중요하지만 제작업체 및 외주업체와 결제 부분이 깔끔하지 않으면 지속적인 출판사 경영에 도움이 되지 않는다고 생각한다.

6

매월 입금되는 돈 관리하기

출판사마다 다르겠지만 보통 매월 10일자, 13일자, 15일자, 30일자 수금을 한다. 이렇게 수금되는 금액을 별도의 장부에 입력해서 관리를 해야 된다.

작은 출판사의 경우에는 거래처별로 계산서를 발행한 금액인 [입금예정액]과 실제로 수금된 [실입금액]으로 나누어 관리를 하자. 그 이유는 [입금예정액]과 [실입금액]이 다르기 때문이다. 즉 계산서로 발행한 금액과 실제로 입금된 금액이 다르기 때문이다. 실제로 입금된 금액을 자신이 거래하는 [물류 프로그램]에 입력을 해야 전잔액이 일치한다.

작은 출판사를 운영하는 분이라면 다음의 [통합 수금 장부]를 참고하자.

기본적인 항목으로 [거래 서점], [입금예정액], [실입금액], [입금일]을 두었다.

통합 수금 장부

20XX년 XX월분	총 금액 합계	실입금 합계	미수금
20XX년 XX월 XX일	₩7,842,450	₩7,603,250	₩239,200

NO	거래 서점	입금 예정액	실입금액	입금일
1	교보(매장)	815,250	798,000	20XX-XX-10
	교보(매장) / 매절	–	–	
	교보 전자책(이북)	64,990	64,990	20XX-XX-26
2	영풍(매장, 온라인)	678,950	548,000	20XX-XX-10
	영풍(매장, 온라인)/매절	–	–	
3	반디앤루니스(매장)	489,000	398,000	20XX-XX-10
4	Yes24(통합)	1,198,600	1,198,600	20XX-XX-15
5	㈜알라딘커뮤니케이션	885,960	885,960	20XX-XX-15
6	㈜인터파크	795,200	795,200	20XX-XX-15
7	반디앤루니스(온라인)	250,000	250,000	20XX-XX-15
8	교보(온라인)	948,000	948,000	20XX-XX-15
9	북센	900,000	900,000	20XX-XX-13
10	한국출판협동조합	389,500	389,500	20XX-XX-15
11	부산) 영광도서	100,000	100,000	20XX-XX-30
12	대구) 세원출판유통	150,000	150,000	20XX-XX-30
13	현매서점	78,000	78,000	20XX-XX-25
14	독자사업부	99,000	99,000	20XX-XX-30
	합계	₩7,842,450	₩7,603,250	

<특이사항>
1. <신간 0종> :
2. 알라딘 : 20XX년 XX월 15일자로 입력 요망.
3. 한국출판협동조합 : 20XX년 XX월 10일자로 입금 요망.

[수금률(%)]
97

전자계산서 발행보류 서점		현매 서점 상세 설명	서적백화점	78,000
1				
2				
3				78,000

		독자사업부 상세 설명	김철수작가	99,000
				99,000

▲[통합 수금 장부] 화면

제 5 장 출판경영 성공노트

규모가 있는 출판사인 경우에는 다음의 [월결산]을 참고하자.

기본적인 항목으로 [총입금액], [총지출액], [순이익], [자산], [계정과목] 등을 두었다.

[월 결 산]

~~대외비~~

대표

20XX년 XX월

구분	항목	계정과목	금액	비고
총 입금액			-	
	세부 항목	출판사 매출	-	
		강의 및 자문 수익	-	
		이자 및 기타수입	-	
총 지출액			-	
	세부 항목	제작 비용	-	
		작가 인세	-	
		외주 비용	-	
		영업 활동비	-	
		복리후생비	-	
		운반비	-	
		기타 경비	-	
		정기 적금/펀드	-	
		비품(자산)	-	
순이익			-	
자산			-	
	세부 항목	정기적금	-	
		비품	-	
		계약금	-	

구분	출판사	독자사업부	총금액
전월 마감액	-	-	-
당월 마감액	-	-	-

▲[월결산] 화면

[통합 수금 장부] 또는 [월결산]을 매달 작성해 보면 어떻게 서점 마케팅을 할 것인가에 대한 해답이 보일 것이다. 이렇게 정리된 장부는 꼭 출력을 해서 보관하도록 하자. 그런 다음 자신이 거래하는 [물류 프로그램]의 [수금관리]에 입력을 하자.

▲ [물류 프로그램]에서 [수금관리] 화면

7

매월 지출되는 돈 관리 및 제작비 지불방법

　매월 지출되는 금액을 항목별로 정리해두자. 그렇게 해보면 매월 지출되는 금액 중 제작 비용이 가장 많음을 알 수 있을 것이다.
　회사 물품 구입비, 교통비, 복리후생비 등은 제작비에 비하면 매우 작은 금액이다. 그러므로 제작 비용을 어떻게 지불할 것인지가 중요하다.
　제작비 또한 이번 달 1일에서 30일 사이에 발생한 금액에 대해서는 다음 달 25일에서 30일 사이에 결제를 하는 것이 원칙이다.
　결제할 금액이 많은 경우에는 [전잔액]을 남기고 결재를 하기도 한다. 물론 제작업체 담당자와 사전 의견 조율을 하면 된다.

각 항목들을 의미

　[거래처 상호]는 제작업체의 상호를 말하고 [전잔액]은 지난 달에 지급하지 못하고 이월된 금액을 말한다. [청구금액]은 이번 달에 제작업체에서 보내온 청구액을 말하고 [총잔액]은 [전잔액]과 [청구금액]을 합산한 금액을 말한다. [지불예정 금액]은 [총잔액]에서 이번 달에 지급 가능한 금액을 말한다. [최종 지불액]은 [지

불예정금액]에서 실제로 지불한 금액을 말한다. [지불예정 금액]에 예산을 책정했다고 하더라도 자금사정이 안 좋아서 최종적으로 지불한 금액이 다를 수도 있다.

20XX년도		XX월 거래처 지불예정 내역					투데이북스
					결 제		
					담당자 / 관리 / 영업 / 편집 / 대표		
					전결 / 전결 / 전결		
20XX년 XX월 XX일		청구서 기간 :	20XX년 XX월 01일 ~ 30일				
거래처 상호	업종	전 잔액	청구 금액	총 잔액	지불예정 금액	최종 지불액	비 고
	지업사	-	-	-	-	-	
		-	-	-	-	-	
	무선	-	-	-	-	-	
	인쇄	-	-	-	-	-	
		-	-	-	-	-	
	출력	-	-	-	-	-	
	라미네이팅	-	-	-	-	-	
		-	-	-	-	-	
	물류	-	-	-	-	-	
[(비)정기 거래처]							
	디자인	-	-	-	-	-	
	교정교열	-	-	-	원천징수 : 원	-	
[저자 인세]							
	인세	-	-	-	원천징수 : 원	-	
	인세	-	-	-	원천징수 : 원	-	
합계		-	-	-	-	-	

*
*
*

▲[거래처 지불 장부] 화면

8

전자계산서 발행의 모든 것

출판사는 서점으로부터 결제를 받기 위해 거래원장으로 장부대조를 한다. 장부대조를 했다면 그 금액만큼 전자계산서를 발행해야 한다. 그렇게 해야만 결제를 받을 수 있다. 참고로 서점의 결제일은 보통 10일, 15일 등으로 되어 있다. 즉 지난달 1일부터 30일까지의 거래에 대한 장부대조를 정해진 기간 안에 끝내고 전자계산서를 발행해야만 이번 달에 결제를 받을 수 있다.

지난달 1일에서 30일까지의 매출에 대한 전자계산서는 당월 1일부터 5일(또는 8일, 온라인 서점에 따라 조금씩 다르다) 안에 발행해야만 한다.

거래하는 서점에 전자계산서를 발행하거나 역발행(서점에서 출판사로 발행) 받으려면 어떻게 하는가?

> 1. 공인인증서 발급받기
> 2. 전자계산서 발행업체에 가입하기

이상의 2가지를 해야만 된다. 먼저 한국전자인증에서 공인인증서를 발급받고 전자계산서 발행업체에 가입하여 전자계산서를 발행하는 방법에 대하여 알아보겠다.

공인인증서 발급받기

여기서는 한국전자인증(http://www.crosscert.com)에서 공인인증서를 발급받는 방법에 대하여 알아본다. 여기서 말하는 공인인증서는 은행거래를 위해서 발급받는 공인인증서 이외에 사업용으로 필요한 공인인증서를 말한다. 공인인증서 신청 시 필요한 구비서류는 한국공인인증 홈페이지에서 확인 가능하다.

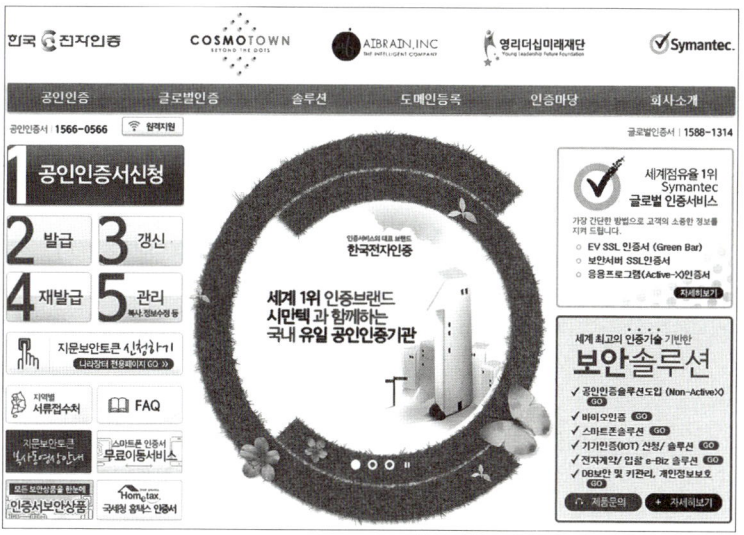

▲[한국전자인증] 홈페이지 화면

공인인증서 신청 시 필요한 구비서류를 정리하면 다음과 같다.

대표자 본인 신청 및 신원확인 시	위임인 신청 및 신원확인 시
1. 공인인증서비스 신규 신청서 2. 대면확인서 3. 사업자등록증 사본 1부 4. 개인/법인 인감증명서 원본 1부 　(최근 6개월 이내 발급) 5. 대표자 신분증 앞/뒤 사본 1부(원본지참)	1. 공인인증서비스 신규 신청서(위임장 작성) 2. 대면확인서 3. 사업자등록증 사본 1부 4. 개인/법인 인감증명서 원본 1부 　(최근 6개월 이내 발급) 5. 대표자 신분증 앞/뒤 사본 1부(원본지참)

- 신청서에는 반드시 법인(개인) 인감증명서와 동일한 인감을 날인하여야 한다.
- 대표자 2인 이상 - 법인 등기부등본 제출(최근 3개월 이내, 제출용 원본)
  ▶ 공동대표 표기 시 - 공동 대표자 모두의 인감 날인이 되어 있는 신청서와 인감증명서
  ▶ 각자대표 표기 시 - 신청하는 대표의 인감 날인 되어 있는 신청서와 인감증명서
- 내국법인 국내지점 - 법인 등기부등본 제출(최근 3개월 이내, 제출용 원본)
  ▶ 등기부에 등재되지 않은 지점법인은 설치 사실을 확인하기 위해 대표이사의 승인을 얻은 서류(공문, 인감/직인 날인) 원본으로 대체
- 사용인감을 신청서에 날인하실 경우 사용인감계를 추가 제출하여야 한다(법인사업자만 해당).

※ 공인인증서 유의사항
▶ 공인인증서 발급은 인증서 구비서류 확인 및 등록일로부터 14일 안에 발급해야 하며 기간초과 시 구비서류를 다시 제출하여야 한다.
▶ 공인인증서 발급 시 비밀번호(8자리 이상)는 한국전자인증에서 확인이 불가능하므로 주의하기 바란다.
▶ PC 포맷 시 인증서도 동시에 삭제되므로 USB메모리에서 안전하게 사용하기 바란다.

※ 공인인증서 사용처
▶ 조달청(전자입찰), 4대보험(EDI), 국세청, 홈쇼핑(전자세금계산서), 전자계약, 인터넷뱅킹 등 인증서를 사용하는 모든 공공기관.

전자계산서 발행업체에 가입하기

여기서는 전자계산서 발행업체 중 스마일 EDI(http://www.smileedi.com)를 소개한다. 스마일 EDI에 가입을 한 후 이용이 가능한데 월 11,000원(부가세 포함)의 비용이 발생한다.

스마일 EDI를 이용하면 거래한 서점에 전자(세금)계산서를 발행할 수 있는데 출판사를 면세사업자로 한 경우 전자세금계산서가 아닌 전자계산서를 발행해야 한다.

▲스마일 EDI 홈페이지 화면

전자계산서를 발행하려면 스마일 EDI의 [세금계산서 발행] 메뉴를 선택한 후 다음과 같이 [계산서]를 선택한다.

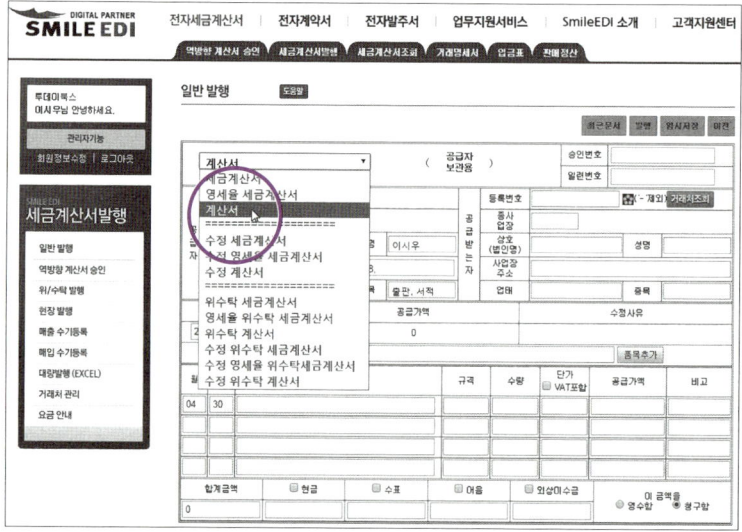

▲ 스마일 EDI에서 [계산서] 항목 선택화면

여기서 사업자등록번호를 입력한 후 [거래처조회]를 선택하면 상호, 대표자, 업태, 종목이 자동으로 입력된다. 그런 다음 품목과 공급가액을 입력하면 된다.

입력이 완료되었으면 [발행] 버튼을 선택하여 전자계산서를 발행하면 된다. 발행 후 발행한 항목을 선택한다. 그런 다음 [선택 전송] 버튼을 선택하면 국세청으로 전자계산서가 전송된다.

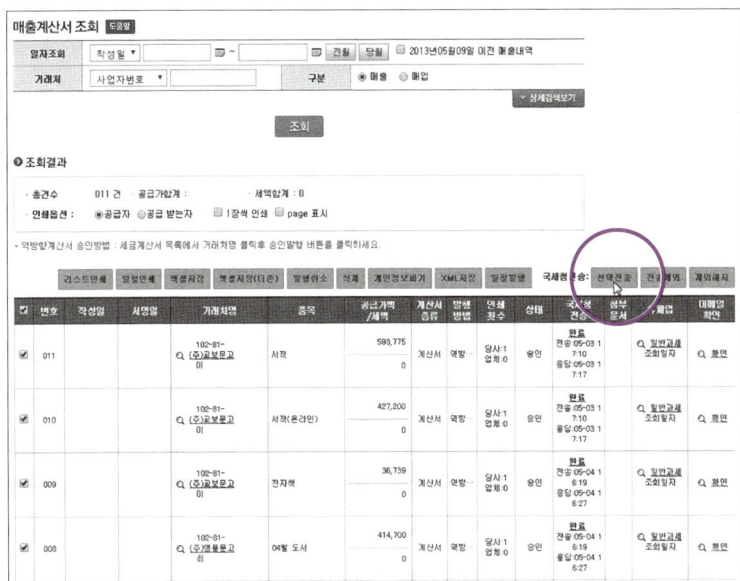

▲ [매출 계산서 조회]에서 [선택 전송] 항목 선택화면

9

출판사 세무 신고의 모든 것

출판사에서 세무 신고하는 것 중 가장 일반적으로 하는 신고가 소득세 신고, 주민세 신고, 사업장현황신고, 지급명세서 신고, 종합소득세 신고이다.

소득세 신고

작가나 프리랜서로 일하는 외주 작업자에게 인세나 비용을 지급하는 경우 원천징수를 해야 비용으로 인정된다.

작가나 프리랜서에게 인세나 비용을 지급한 경우 출판사가 소득 금액에서 3.3%를 차감한 후 지급을 한다. 차감한 3.3%는 매달 10일 전에 국세청 홈택스와 행정자치부 지방세 포털인 위택스를 통해서 납부하면 된다. 참고로 소득세의 신고는 매월 또는 반기별로 가능하다.

작가나 프리랜서에게 지급할 금액에서 차감한 3.3% 중 3%는 소득세로 납부를 하고 0.3%는 주민세로 납부를 한다. 소득세는 국세여서 국세청 홈택스(http://www.hometax.go.kr)를 이용해서 납부를 하고 주민세는 지방세여서 행정자치부 지방세 포털인 위택스(www.wetax.go.kr)를 이용해야 한다고 설명했다.

> ◆ 원천징수액 산출법 및 납부처
> 작가에게 지급할 총금액에서 원천징수액은 소득세 3%와 주민세 0.3%이다. 즉 3.3%를 차감한 후 작가에게 지급을 한다.
> 차감을 한 후 소득세(3%)는 국세청 홈택스를 이용하여 납부를 하고 주민세(0.3%)는 행정자치부 지방세 포털인 위택스를 이용해서 납부하면 된다.
> - 소득세(국세) : 전체 금액의 3%
> - 주민세(지방세) : 전체 금액의 0.3%

국세청 홈택스를 이용하여 소득세(3%)를 납부하는 방법에 대하여 알아보겠다. 물론 국세청 홈택스에 가입한 후 이용이 가능하다.

국세청 홈택스를 이용하여 신고를 하는 경우 [신고/납부] 메뉴를 선택한다. [세금신고] 메뉴에서는 [원천세]를 선택한다. [원천세 신고] 화면에서 [정기신고 작성]을 선택한다.

[원천징수의무자] 정보를 입력하고 [소득 종류 선택]에서 [사업소득] 항목을 선택해서 작업을 진행시킨다.

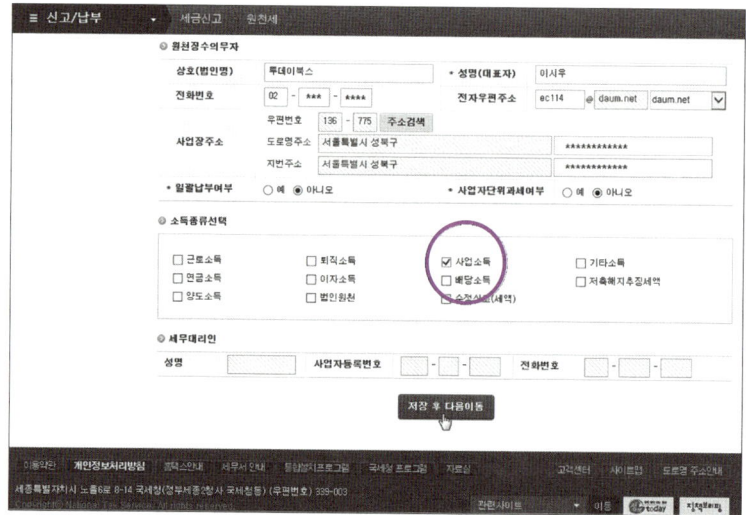

▲ [소득 종류 선택]에서 [사업소득] 항목 선택화면

주민세 신고

행정자치부 지방세 포털인 위택스를 이용해서 주민세(0.3%)를 납부하는 방법에 대하여 알아보겠다. 물론 행정자치부 지방세 포털인 위택스에 가입한 후 이용이 가능하다.

위택스에서 신고하는 경우 [신고하기] 메뉴에서 [지방소득세] - [특별징수] 항목을 선택한다. 참고로 신고하는 달 기준으로 전 달에 사업소득이 있어야 주민세를 납부할 수 있다.

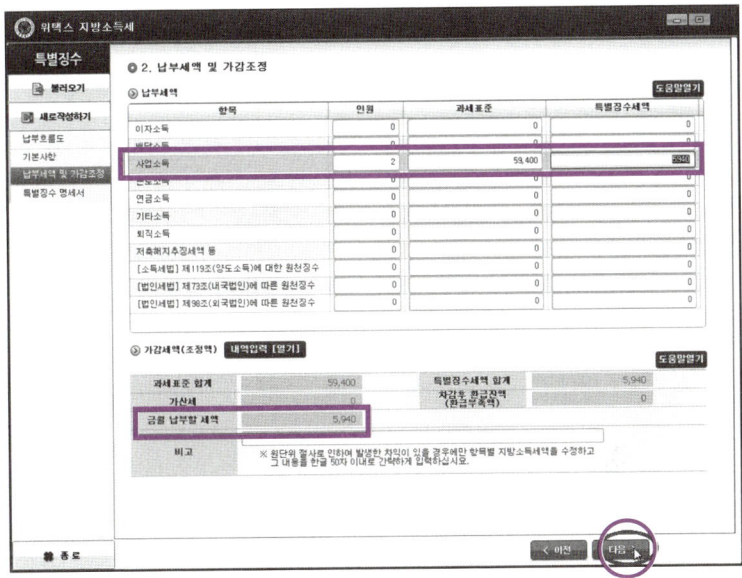

▲위택스에서 [납부세액 및 가감조정] 화면

사업장현황신고

사업장현황신고는 지난해에 발생한 [매출금액]과 [매입금액]을 업체별로 신고하는 것을 말한다. 즉 [매출처별 계산서 합계]와 [매입처별(세금) 계산서 합계]를 신고하는 것을 말한다. 사업장현황신고는 보통 당해 연도 1월 2일부터 2월 초중순까지 신고를 해주면 된다. 홈택스를 이용하지 않고 세무서를 방문하여 사업장현황신고를 해도 된다.

사업장현황신고 전에 매출계산서와 매입계산서를 산출해 두어야한다. 그리고 각 업체별 금액과 계산서 장수를 파악해 두면 좋다. 즉 각 업체에서 발행한 금액의 총합계 금액이 얼마이고 발행된 계산서 장수는 몇 장인지를 파악해 두어야 한다. 신고 전 엑셀을 이용해서 정리를 해두면 된다.

홈택스 초기화면에서 [신고/납부] 메뉴를 선택한 후 [일반 신고] 메뉴에서 [사업장현황신고] 항목을 선택한다. [사업장현황신고서 신고]에서 [사업장현황신고서 작성하기]를 선택해서 작업을 이어 나가면 된다.

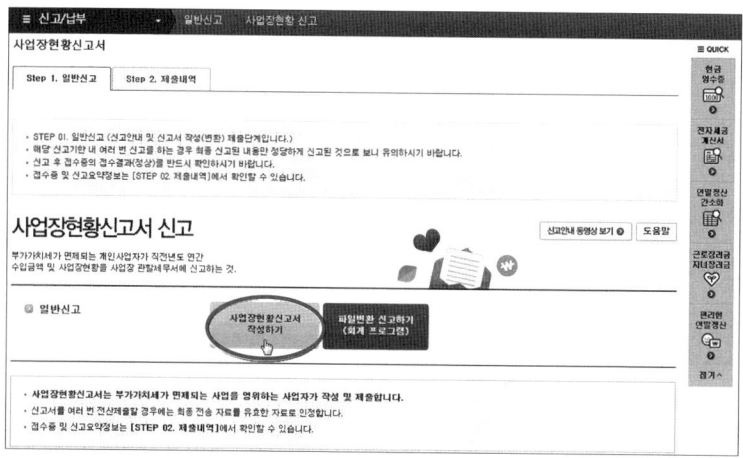

▲[사업장현황신고서 작성하기] 선택화면

지급명세서 신고

지급명세서를 신고하는 방법에 대하여 알아보자. 지급명세서 또한 국세청 홈택스를 이용해서 전자 신고가 가능하다.

지급명세서의 종류별로 제출 기간이 다르다. 즉 [근로·퇴직소득]의 지급명세서나 [사업소득]의 지급명세서는 보통 2월말에서 3월 초중순까지이며 [이자소득·배당소득·기타소득] 등은 2월말 정도까지이다. 정확한 기간은 매해 신고할 무렵이 되면 국세청 홈택스

홈페이지에 정확한 일자가 공고되므로 참고하면 된다. 참고로 기한 안에 전자제출을 하면 최고 2백만 원(세무, 회계법인은 3백만 원)까지 건당 1백 원의 세액 공제 혜택을 받을 수 있으나 제출하지 않으면 미제출금액의 2%를 가산세로 부담하게 된다.

▲[사업 및 기타소득]에서 [사업소득 지급명세서] 선택화면

작년에 작가나 외주작업자에게 지급한 금액을 엑셀로 정리를 해두었다면 그것을 보면서 작업을 진행하면 된다.

저자 인세, 외주 비용 처리 리스트(20XX년도 원천 징수분)								
20XX년 XX월								
지급날짜	이름	주민등록번호	주 소	금액	소득세 (3%)	주민세 (0.3%)	원천징수 후 금액	용도	비고
				1,220,000	36,600	3,660	1,179,740		
				1,300,000	39,000	1,800	1,259,200		
				1,320,000	39,600	3,960	1,276,440		
				2,580,000	77,400	1,980	2,500,620		
				1,400,000	42,000	4,200	1,353,800		
				1,500,250	45,000	4,500	1,450,751		
				1,260,000	37,800	3,780	1,218,420		
합 산				10,580,250	317,400	23,880	10,238,971		

▲[저자 인세, 외주 비용 처리 리스트] 화면

종합소득세 신고

 종합소득세는 작년 [수입금액]에 대해 올해 5월 1일 ~ 5월 31일 사이에 국세청 홈택스를 이용해서 신고를 할 수 있다.

 종합소득세 신고 전 작년도 [매출 총금액], [매입 총금액]을 파악해 두자. 즉 [매출 전자계산서 합계표]와 [매입 전자세금계산서 합계표]를 준비해 두자.

 여기서 말하는 [매출 총금액]은 계산서를 발행한 총금액을 말하고 [매입 총금액]은 세금계산서를 받고 매입한 총금액을 말한다.

 [매출 전자계산서 합계표]와 [매입 전자세금계산서 합계표]는 국세청 홈택스에서 출력가능하다.

 종합소득세 신고는 자신의 [수입금액]에 따라 신고 유형이 달라진다. 신고 유형은 5월 초중순경 국세청에서 보내주는 안내장을 참고하면 된다. 혼자서 종합소득세 신고가 힘들다면 종합소득세 신고만 세무사에게 의뢰를 해서 처리하면 된다.

 다음은 세율 적용 방법에 대한 설명이다. 참고만 하자.

＊세율 적용 방법 : (과세표준 × 세율) − 누진공제액

예제)과세표준 : 19,000,000원 / 세율 : 15% / 누진공제액 : 1,080,000원 인 경우
 : (19,000,000원 × 15%) − 1,080,000원 = 1,770,000원

(단위 : 원)

종합소득세 세율(2014년, 2015년 귀속)		
과세표준	세율	누진공제
12,000,000 이하	6%	–
12,000,000 초과 46,000,000 이하	15%	1,080,000
46,000,000 초과 88,000,000 이하	24%	5,220,000
88,000,000 초과 150,000,000 이하	35%	14,900,000
150,000,000 초과	38%	19,400,000

＊자료 참고 : 국세청(http://www.nts.go.kr)

Power Tip 국세청 홈택스를 이용하자

국세청 홈택스(http://www.hometax.go.kr)를 이용하면 세무 신고에 도움이 되는 자료들을 확인 및 출력할 수 있다.

홈택스에 로그인한 후 [My NTS] 부분을 선택하면 다음과 같은 화면이 나타난다. 여기서 [현금영수증 카드관리], [세금신고내역], [지급명세서 등 제출내역], [연말정산 소득공제내역] 등에 대한 정보를 확인 및 출력할 수 있다.

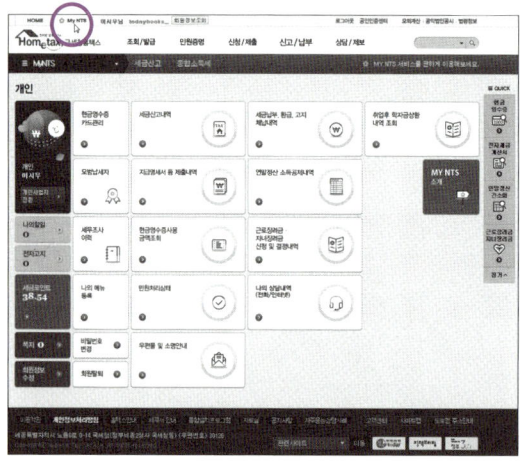

▲개인의 [My NTS] 화면

개인사업자의 경우 [개인사업자 전환] 버튼을 선택한다. 그러면 [개인사업자 화면으로 전환하시겠습니까?]를 묻는 화면이 나타난다. [확인] 버튼을 선택하면 다음과 같이 개인사업자의 [My NTS] 화면이 나타난다. 여기서는 [세금신고내역], [과세자료 제출내역], [세금계산서 과세기간별 신고내역] 등의 정보를 확인 및 출력할 수 있다.

▲개인사업자의 [My NTS] 화면

참고로 [종합소득세], [사업장현황신고], [부가가치세], [법인세] 등에 대한 자세한 정보는 국세청(http://www.nts.go.kr) 홈페이지를 참고하면 된다.

▲국세청 홈페이지 화면

에피소드 5 무엇이 정답인지는 모르지만

필자는 출판사 근무시절에 경영지원, 제작, 총무관련 업무를 보았다. 그래서 다른 사람들보다 자금관리에 빨리 눈을 뜬 것 같다. 매달 매출 대비 입금이 되는 금액과 매달 매입 및 급여 등으로 인해 지출되는 부분에 대해서 11년간 경험을 했었다. 그리고 특허권 업무와 법무 업무도 가끔 처리를 했었다.

출판사를 경영하면서 도움을 가장 많이 받은 부분이 출판제작과 세무 분야의 업무이다. 출판사 근무시절의 인맥이 많은 도움이 되었다. 어떤 도움에는 당연히 일정 비용의 지급도 따른다. 즉 도움을 받아도 비용이 발생하는 부분에 대해서는 비용을 지불해야만 관계가 유지되고 이어지기 때문이다.

출판사 창업초기 출판사 창업을 준비하는 사람들이 필자에게 만남을 요청했다. 대부분 필자가 운영하는 온라인 카페의 회원들이다. 자신의 출판사 창업 준비에 대한 상담을 하고 싶다고 했다. 사업초기에는 시간적인 여유가 좀 많았다. 그래서 출판사 창업 준비를 하는 분들을 만나 상담을 해주기도 했었다.
지금은 그런 여유 시간이 없다고 해야 할까? 창업 준비를 하는 분들의 만남 요청에 만나지를 않는다. 시간이 돈이라는 생각을 해서일까?
초심을 잃고 있는 것은 사실이다. 어떤 분이 필자에게 이런 말을 했다.
"직장생활 10년과 개인사업 1년은 같다."
그만큼 개인사업이 힘들다는 이야기인 동시에 그만큼 외부로부터 노출이 많다는 것이다. 직장생활을 하면 회사가 고정적인 급여를 주기 때문에 어느 정도는 울타리가 되어 준다. 그 울타리가 좋고 안 좋고 힘들고 안 힘들고를 떠나서 말이다. 개인사업을 하게 되면 자신이 그 울타리를 스스로 만들어야 한다. 그래서 자신이 더 단단해지고 이익을 따지는 것은 아닐까? 생존경쟁에서 살아남기 위해서 말이다.

무엇이 정답인지는 모르겠다.
하지만 스스로의 울타리를 만들고 여유가 생기면 타인의 울타리도 점검해주고 울타리를 준비하는 사람에게 도움을 줄 수 있으면 좋겠다.
서로 돕고 의지하며 사는 것이 아름다운 삶이라는 것을 알기 때문이다.
그 이상이 언젠가는 현실이 되리라는 믿음으로 살고 싶다.

부록

출판
제작원가표
샘플

북즐(BookZle) 활용 시리즈 10
출판 고수 정리노트

1 신국판 제작원가표 샘플

제작원가표

제 목	신국판			인세	7%	<신간>	
				예상판매부수		기획자	
규 격	152mm*225mm	내 지	국전지	항목	내지(본문)	표지	
페이지	256	지 질	100백상지	편집단가	4,500	500,000	
발행부수	1,200	본문도수	2도	지대단가	33,580	226,800	
부록 1	없음	부록 2	없음	인쇄단가	3,500	8,000	
책가격(원)	15,000	할인(60%)	9,000	CTP단가	9,000	9,000	

분류	내역	수량	단위	도수	단가(원)	금액	비고	
내지 (본문)	교정비	256	P		4,000	1,024,000		
	편집비	256	P		4,500	1,152,000		
	지 대	22	R		33,580	738,760	백상지	100g
	인 쇄	19.2	R	4	3,500	268,800	2도/2도	
	CTP	16	판	2	9,000	288,000		
	소 계					3,471,560		
표지	디자인			4		500,000		
	지 대	0.6	R		226,800	136,080	아르떼	210g
	인 쇄	1	R	4	8,000	32,000	4도/0도	
	CTP	1	판	4	9,000	36,000		
	에폭시	1	R		120,000	120,000		
	면 지	0.6	R		198,500	119,100	밍크지	120g
	코 팅	1	R		70,000	70,000	무광	<기본>
	소 계					1,013,180		
제책	제책비	1,200	부	1	140.00	168,000		
	날개	1,200	부	有	50	60,000		
	소 계					228,000		
손익	인세	1,200			1,050	1,260,000		
	운반비	1,200				-		
	소 계					1,260,000		
	합 계					5,972,740	참고사항	
	부가세					597,274		
	총합계					6,570,014		
	권당 단가					5,475		

2 크라운판 제작원가표 샘플

제작원가표

제 목	크라운판			인세	8%	<신간>	
				예상판매부수		기획자	
규 격	173mm*230mm	내 지	대국전지	항목	내지(본문)	표지	
페이지	224	지 질	100모	편집단가	4,500	600,000	
발행부수	2,000	본문도수	4도	지대단가	42,180	212,800	
부록 1	없음	부록 2	없음	인쇄단가	4,000	9,000	
책가격(원)	17,000	할인(60%)	10,200	CTP단가	9,000	9,000	

분류	내역	수량	단위	도수	단가(원)	금액	비고	
내지 (본문)	교정비	224	P		5,000	1,120,000		
	편집비	224	P		4,500	1,008,000		
	지 대	32	R		42,180	1,349,760	백상지	100g
	인 쇄	28	R	8	4,000	896,000	4도/4도	
	CTP	14	판	4	9,000	504,000		
	소 계					4,877,760		
표지	디자인			4		600,000		
	지 대	1.7	R		212,800	361,760	아르떼	210g
	인 쇄	1.4	R	4	9,000	50,400	4도/0도	
	CTP	1	판	4	9,000	36,000		
	에폭시	1.4	R		150,000	210,000		
	면 지	1.3	R		214,430	278,759	레자크지	120g
	코 팅	1.4	R		100,000	140,000	가죽무늬	
	소 계					1,676,919		
제 책	제책비	2,000	부	1	173.60	347,200		
	날개	2,000	부	有	50	100,000		
	소 계					447,200		
손 익	인세	2,000			1,360	2,720,000		
	운반비	2,000				–		
	소 계					2,720,000		
	합 계					9,721,879	참고사항	
	부가세					972,188		
	총합계					10,694,067		
	권당 단가					5,347		

3. 46배판 제작원가표 샘플

제작원가표

제 목	46배판				인세	8%	<신간>	
					예상판매부수		기획자	
규 격	187mm*258mm		내 지	46전지	항목	내지(본문)	표지	
페 이 지	288		지 질	100미모	편집단가	5,000	700,000	
발행부수	1,500		본문도수	2도	지대단가	47,520	212,800	
부록 1	없음		부록 2	없음	인쇄단가	4,300	9,000	
책가격(원)	18,000		할인(60%)	10,800	CTP단가	8,000	8,000	

분류	내 역	수 량	단 위	도 수	단가(원)	금 액	비 고	
내지 (본문)	교정비	288	P		4,000	1,152,000		
	편집비	288	P		5,000	1,440,000		
	지 대	30	R		47,520	1,425,600	백상지 미색	100g
	인 쇄	27	R	4	4,300	464,400	2도/2도	
	CTP	36	판	2	8,000	576,000	2절	
	소 계					5,058,000		
표지	디자인			4		700,000		
	지 대	1.3	R		212,800	276,640	아르떼	210g
	인 쇄	1	R	4	9,000	36,000	4도/0도	
	CTP	1	판	4	8,000	32,000		
	에폭시	1	R		150,000	150,000		
	면 지	0.9	R		214,430	192,987	매직칼라	120g
	코 팅	1	R		55,000	55,000	유광	
	소 계					1,442,627		
제 책	제책비	1,500	부	1	249.96	374,940		
	날개	1,500	부	有	50	75,000		
	소 계					449,940		
손 익	인세	1,500			1,440	2,160,000		
	운반비	1,500				-		
	소 계					2,160,000		
	합 계					9,110,567	참고사항	
	부가세					911,057		
	총합계					10,021,624		
	권당 단가					6,681		

Power Tip 물류업체와의 계약은 어떻게 하는 것이 좋은가?

크고 잘나가는 물류 회사도 많다. 하지만 내 규모에 맞는 물류업체를 선정하는 것이 비용 절감과 원활한 업무 처리에 도움이 된다. 참고로 물류업체는 도서를 보관하고 바로 배본할 수 있는 곳으로 선정을 하자. 필자의 경우 출판사에서 제작 업무를 담당했기 때문에 물류 관련 업무를 조금 경험했었다. 처음부터 크고 시설이 좋은 곳과 거래를 하면 얼마나 좋겠는가? 첫 번째가 비용의 문제이고 두 번째가 내가 원하는 것이 잘 전달이 안된다는 문제가 있다. 된다고 하더라도 좀 늦게 이루어졌다. 회사의 규모가 클수록 어쩔 수 없는 일이다.

1인 출판사의 경우 일단 비용을 절약해야 하므로 출판사 규모에 맞는 물류업체를 선정하는 것이 좋다.
물류업체와의 계약은 신간이 나오기 1주일 정도 전에 하면 되는데 그전에 몇 군데 견적을 받아보고 비교를 하자. 이때 주목할 점은 본인이 만드는 책의 성격이다. 순환이 잘되는 책인지 그렇지 않은지를 파악한다. 순환이 잘되는 책이면 다른 서비스가 좋은 대신 권당 보관 비용이 높아도 감수할 수 있기 때문이다. 순환이 안되는 책이라면 권당 보관비용에 민감하게 확인해야 한다.
책의 보관 비용은 말일을 기준으로 책정하기 때문이다. 그래서 말일 전에 폐기할 도서들을 폐기하고 정리를 하면 된다.

다음의 자료를 가지고 견적서를 검토하자.

1. 물류업체마다 견적서가 다르겠지만 책 1부의 보관료가 10원인 곳

이 있고 20원인 곳도 있다.
2. 물류 비용의 기본 금액이 30만 원인 곳이 있고 20만 원인 곳도 있다.
3. 자체 프로그램을 사용하는 곳이 있는가 하면 외주 물류 프로그램을 사용하고 별도의 비용을 받는 곳도 있다.

[물류회사 견적서 샘플]

구분		부수	단가(원)	금액(원)	부가세(원)
배본	기본료	1,000	–	150,000	
	시내 추가	–	100	–	
	지방 출고	37	110	4,070	
	택배 출고	53	50	2,650	
	택배(小)	7	3,500	24,500	
	택배(大)	2	4,500	9,000	
반품	시내	10	200	2,000	
	지방	2	1,500	3,000	
	택배	3	3,500	10,500	
	반품 해체	23	60	1,380	
기타	재생 비용	20	150	3,000	
	래핑 비용	10	200	2,000	
	종당 관리	30	1,000	30,000	
보관	총재고	4,750	20	95,000	
합 계				337,100	33,710

이 정도만 잘 살핀다면 본인의 출판사와 맞는 물류업체를 선정할 수 있을 것이다.
좀 더 쉽게 물류업체와 계약하고 싶다면 주변 지인들의 도움을 받거나 1인 출판사를 경영하는 분에게 자문을 구하면 도움이 될 것이다.

[참고도서]

내 출판사 창업 성공하기(2015년) / 투데이북스 / 이시우 저

1인 출판사 경영 실무노트(2013년) / 투데이북스 / 이시우 저

출판마케팅 실무노트(2012년) / 투데이북스 / 이시우, 천정한 엮음

출판제작 실무노트(2012년) / 투데이북스 / 이시우 저

출판편집 실무노트(2012년) / 투데이북스 / 배경희, 안종군 공저

캐리커처 제대로 그리기(2016년) / 투데이북스 / 정수일 저